L'ABBÉ FARGES

CHANOINE HONORAIRE D'AUTUN, DE LA ROCHELLE
ET DE REIMS

MEMBRE DE LA SOCIÉTÉ ÉDUENNE

PROFESSEUR DE PHILOSOPHIE AU PETIT SÉMINAIRE D'AUTUN

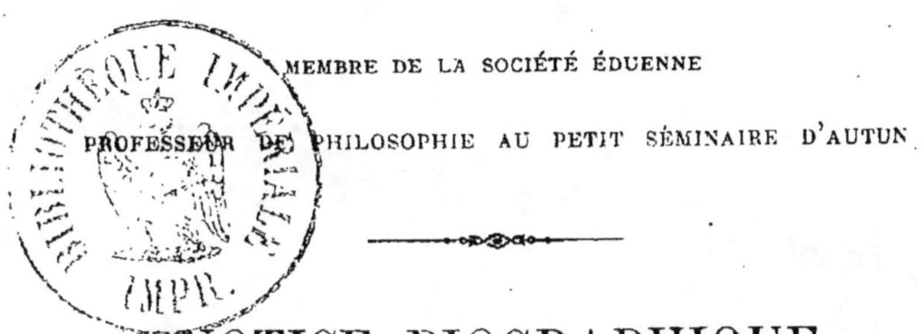

NOTICE BIOGRAPHIQUE

LUE PAR M. DUCHÊNE, SUPÉRIEUR DU PETIT SÉMINAIRE D'AUTUN

A LA DISTRIBUTION DES PRIX, LE 3 AOUT 1869.

AUTUN

MICHEL DEJUSSIEU, IMPRIMEUR DE L'ÉVÊCHÉ.

1869.

MONSEIGNEUR,

MESSIEURS,

MES CHERS ENFANTS,

Dans de solennelles réunions de famille, c'est pour le cœur un besoin de se souvenir, de parler d'un ami, d'un frère, d'un père qu'on ne doit plus revoir : on trompe ainsi sa propre douleur. Vous entretenir du si regretté M. Farges sera, je crois, répondre à un sentiment général.

Nos fêtes étaient ses fêtes. Pendant vingt-sept ans, dans ces dernières solennités classiques, il était heureux d'applaudir la vertu, le travail couronnés, de s'associer à votre bonheur si vrai en ce jour tant désiré qui vous rend aux douces joies de la famille. Aujourd'hui, son souvenir bien-aimé planera sur cette réunion, et, je l'espère, jouissant de la gloire des Élus, son cœur demandera à Dieu ses meilleures bénédictions qui éloigneront de vos ames tous les dangers et rendront vos jours de repos plus doux, plus agréables.

Monseigneur, vous avez bien voulu nous honorer de votre présence, merci de votre bonté : dire à cette nombreuse et sympathique assemblée d'amis, de parents, ce que fut notre confrère, ce sera, je le sais, renouveler de vifs regrets ; mais ces regrets ne feront que rappeler l'intérêt si affectueux qui s'attache au petit Séminaire d'Autun.

I

Antoine Farges naquit à Amplepuis, au diocèse de Lyon, le 14 janvier 1814, jour où l'Église célèbre la mémoire de saint Hilaire, docteur.

Sa famille était profondément chrétienne ; déjà avant lui un grand-oncle et un oncle paternel avaient été honorés de la dignité du sacerdoce ; à chacun d'eux revient une part de la gloire de cette vie si utile au diocèse. [1]

Vers la fin de 1823, nous trouvons le jeune Farges à la cure d'Oyé-en-Brionnais, au nombre des dix élèves de son grand-oncle, aujourd'hui chanoine honoraire d'Autun, qui nous a transmis les détails les plus intéressants sur les premières années de son neveu.

« Le jeune élève qui m'était amené par son oncle et son » père n'avait pas dix ans. Sa tournure avait quelque chose » d'aimable. Il savait lire passablement. Déjà on sentait dans » le petit Antoine la richesse d'affection de son cœur, la force » de sa volonté qui devait être si énergique, et un caractère » qui faisait bien augurer de l'avenir.

» L'enfant était loin d'avoir cet amour du travail qui fut » plus tard sa passion ; les jeux, les ris allaient mieux à son » âge, à sa nature, et souvent les leçons, les devoirs de mes » élèves plus âgés se ressentaient de ses espiégleries. Je dus » penser à l'isoler, et le succès couronna le moyen que » j'employai.

» Pendant les occupations de mon ministère, je le plaçais » près de moi, les pensées d'Humbert à la main ; d'autres fois

1. Voir Appendice, n° 1.

« je le menais en visite, même à cheval, où il se trouvait
» heureux de voyager en croupe. Ainsi j'appris à connaître
» que là était un bon fonds de culture ; au lieu de bouder,
» comme auraient fait d'autres enfants, il me faisait mot à
» mot la récitation de quatre ou cinq pages sur les grandes
» vérités de la foi, puis dans nos pérégrinations il m'accablait
» de questions sur le bon Dieu, sur l'ame, sur les fins de
» l'homme, le ciel, etc.

» J'avais découvert une mémoire prodigieuse, une intelli-
» gence plus qu'ordinaire, un grand désir de savoir, une ame
» ayant la crainte de Dieu, le désir d'éviter le mal : mais je
» jugeai l'enfant trop jeune pour commencer ses études.
» Après cette année d'essai, je le rendis à sa famille et je
» traçai le règlement qu'il devait suivre : aucun contact avec
» les enfants des écoles publiques, beaucoup de petits travaux
» manuels, études dans l'intérieur de la famille.

» Cette année fut longue pour le jeune Antoine ; mon retour
» à Amplepuis lui paraissait bien lent : aussi, à mon arrivée en
» famille, avec quelles instances il me supplia de le reprendre ;
» il mit dans sa demande, dans ses promesses toute la puis-
» sance de sa volonté, toute l'éloquence de son cœur
» affectueux.

» L'enfant tint parole, il fut un excellent élève. Ses progrès
» dépassèrent mes espérances. Il fit chez moi sa première
» communion avec une édification dont je conserve un pré-
» cieux souvenir, et à partir de ce moment il devint un
» modèle de travail, de foi, de piété.

» Mon petit-neveu touchait à sa quinzième année, je le
» confiai à M. Millerand, supérieur du petit Séminaire de
» Semur.

» Il fut admis en quatrième, y occupa le premier rang qu'il
» conserva jusqu'à la fin de ses études. Chaque année, tous

» ses maîtres me rendaient le meilleur témoignage de son
» travail et de sa piété. »

Nous devons ajouter que ses condisciples d'Oyé, de Cuiseaux
et de Semur, ont conservé un très bon souvenir de cet élève
qui était non-seulement un modèle de travail et de piété, mais
encore excellent camarade, entraînant dans les jeux, obligeant,
condescendant, toujours prêt à faire plaisir, empressé à éviter
ce qui pouvait contrarier.

Je ne dois point oublier un trait de ses jeunes années.
Sainte Thérèse nous dit qu'elle rêvait le martyre : à quinze ans,
M. Farges avait aussi ses ambitions pieuses. La vie des saints
lui donnait déjà la pensée des mortifications, et souvent il
s'imposait des sacrifices pénibles à la nature et cherchait à
rendre son lit moins doux : une planche, le volet de son
appartement, devenaient sa couche. Prémices précieuses d'une
ame qui devait plus tard connaître le martyre du professorat.

Le moment d'entrer dans la vie sérieuse était arrivé : le
jeune Farges avait dix-neuf ans. Dans les secrètes effusions de
sa piété, Dieu avait parlé à son cœur et lui avait communiqué
ce besoin des grandes ames, l'ardent désir de consacrer à son
service toute son intelligence et tout son amour. Il entra au
grand Séminaire au mois d'octobre 1832.

Les études philosophiques et théologiques allaient à cette
nature, et M. Farges s'y livra avec une ardeur sans égale,
heureux d'en pénétrer les ravissantes et sublimes beautés.

Il fallait faire le premier pas dans la carrière sacerdotale et
recevoir la tonsure. Destiné par la Providence à être pendant
de longues années un directeur si habile de la jeunesse, il
devait connaître la lutte d'un cœur ardent, généreux, qui se
sent appelé et cependant hésite en pesant la faiblesse de
l'homme et la grandeur du sacerdoce. La lutte fut courte mais
puissante : soutenu, éclairé par M. Piégay, directeur au grand

Séminaire, homme de cœur qui comprenait si bien les combats de la jeunesse, le jeune lévite se consacra à Dieu; ce premier pas fut définitif.

L'abbé Farges, pendant son grand Séminaire, fut un modèle d'application et de régularité. Son talent, son amour du travail, le firent choisir pour un des maîtres de conférence. Dans ces réunions d'élèves présidées par un condisciple, on résumait l'enseignement de MM. les directeurs; M. Farges affirma sa valeur par la profondeur de son jugement, par la puissance, la précision de ses analyses, par la clarté, le feu de ses expositions. Ses jeunes confrères regardaient comme une bonne fortune de faire partie de la conférence dont il était chargé.

Le 9 juin 1838, l'onction sainte le consacra prêtre pour l'éternité, *sacerdos in æternum;* le 10, pour la première fois, il monta au saint autel, et ce jour fut pour le nouveau prêtre au cœur si affectueux, à la foi si vive, un jour de puissantes et fécondes émotions.

Au mois d'août de la même année, Mgr d'Héricourt le nomma vicaire de Saint-Pierre de Mâcon. M. Pourprix, alors curé, guida ses premiers pas dans le ministère pastoral, et il s'établit entre ces deux hommes d'âges différents une sympathie des plus cordiales que la mort seule a pu briser [1]. Ce ministère allait à son zèle apostolique; il aimait ce soin des ames, il s'y dévouait. Les trois ans qu'il passa à Saint-Pierre de Mâcon laissèrent dans son cœur un souvenir ineffaçable. Bien des fois il parlait avec émotion de ces années qu'il appelait heureuses.

M. Pitra, que ses talents ont élevé au cardinalat, se démit en 1841 de ses fonctions de professeur de rhétorique au petit Séminaire d'Autun, pour revêtir l'humble habit de saint Benoît.

1. Voir Appendice, n° 2.

La rentrée du petit Séminaire était terminée et la chaire du savant bénédictin restait vacante.

Mgr d'Héricourt, M. Juillet, alors supérieur, M. Landriot, aujourd'hui archevêque de Reims, provisoirement chargé de la division des petits pour se préparer à la direction du Séminaire, jetèrent les yeux sur le vicaire de Saint-Pierre de Mâcon. M. Farges hésita : la charge lui paraissait lourde, il ne se croyait pas le goût de l'enseignement classique, la vie du ministère avait toutes ses sympathies ; il comptait sans son obéissance aux désirs de son évêque qui étaient pour lui des ordres, sans la puissance de l'amitié, et il répondit ce *fiat* qui fit de lui le modèle des professeurs.

Les vacances dernières, il se promenait dans le jardin du Séminaire avec son ami Mgr Landriot, et, lui montrant le vallon de Brisecou, le chemin qui longe le ruisseau de Couard, et lui désignant le lieu où il avait cédé à la puissance de ses paroles affectueuses, il lui demandait s'il avait le souvenir de toutes les larmes qu'il avait versées avant de se donner sans réserve à son petit Séminaire. Puis il remerciait Son Excellence de lui avoir fourni le moyen de se dévouer à l'Église dans cette œuvre si importante. Au mois de décembre 1841, M. Farges commença cette vie laborieuse du professorat à laquelle il devait être si fidèle. En prenant possession de la chaire de rhétorique, le nouveau professeur ne fit point oublier son illustre prédécesseur ; néanmoins dès son début il se révéla comme digne de lui succéder et conquit un ascendant magique sur ses élèves.

La loi de 1850 permettait l'enseignement secondaire complet dans les petits séminaires. Les vœux de nombreux parents nous demandaient l'exécution de cette loi. A la rentrée de 1850, Monseigneur nous autorisa à conserver quelques élèves qui désiraient se préparer aux examens du baccalauréat ; c'était poser les bases d'un cours de philosophie. Nous ne devions pas encore avoir un professeur en titre, le travail fut divisé : M. Farges, qui ne reculait jamais devant un acte de dévouement, ajouta à ses occupations ordinaires la partie littéraire et philosophique.

Enfin, après six longues années d'attente, ce cours fut établi, et à la rentrée de 1856 M. Farges en prit spécialement la direction. Pour mettre plus d'unité dans son enseignement, il voulut se charger de toutes les parties : philosophie, littérature, histoire, et aux heures de classe ordinaires, il ajoutait toujours un supplément. Plusieurs fois il lui fut proposé avec instance de diminuer son travail, toujours il fut inébranlable.

Monseigneur voulut donner à ce prêtre si dévoué à la jeunesse de son petit Séminaire un témoignage de son affectueuse estime, et, en 1855, il le nomma chanoine honoraire de la Cathédrale d'Autun.

Le successeur de saint Remi, heureux de recevoir dans son palais cet ami fidèle dont il appréciait le mérite, ne jugea point convenable qu'il parût dans ses cathédrales comme un simple prêtre, et, successivement, il donna à celui qu'il appelait son vieux compagnon d'armes des lettres de chanoine honoraire de la cathédrale de la Rochelle et de la métropole de Reims.

II

Indiquer les lignes historiques d'une vie, ce n'est point faire connaître une nature que Dieu avait faite grande par les facultés intellectuelles et les qualités morales.

L'intelligence de M. Farges était plus qu'ordinaire : elle illuminait son visage, rayonnait dans sa physionomie ; son large front en laissait pressentir la profondeur ; son regard vif, animé, en traduisait la vivacité ; sa parole toujours ardente, nette, précise, souvent prime-sautière, en faisait jaillir les éclairs. — Son style imagé, et cependant concis, toujours richement coloré, dénotait en lui une rare puissance d'imagination. — Souvenirs variés, citations amenées à propos, étaient l'indice d'une mémoire heureuse. — Une connaissance approfondie des langues anciennes et de plusieurs langues modernes faisait ressortir sa remarquable aptitude pour la linguistique. [1]

Saisir, juger rapidement et sûrement, analyser avec précision, exposer avec clarté, se souvenir exactement et à propos, étaient les côtés pratiques de cette intelligence. Un désir immense de savoir, de connaître tout ce qu'on appelle science ici-bas lui donnait une activité dévorante et était le mobile de cette puissance de travail si connue, du prix que le temps avait pour lui. Il savait tirer parti de tout : des voyages, des conversations les plus ordinaires. De ces excursions qu'il aimait, il rentrait dans sa cellule avec des notes nombreuses qui trouvaient toujours leur place. Avec les autres il interrogeait beaucoup, discutait et assurait ainsi son opinion.

Il aimait sa cellule, ses livres : *In omnibus requiem quæsivi et non inveni, nisi in angulo cum libello* (Thomas à Kempis).

---

1. Voir Appendice, n° 3.

Chaque étude avait son temps ; il pratiquait éminemment cette maxime de Fénelon à un jeune homme : *Jamais un moment vide*.

Avide des sciences humaines, il l'était plus encore des sciences divines : l'étude de la théologie était une de ses joies. Déjà ici-bas il eût voulu pénétrer les mystères de notre foi. Souvent un *Credo* fortement accentué faisait sentir combien lui était pénible la faiblesse de notre raison.

Serviteur fidèle, il n'avait garde de négliger les talents qui lui étaient confiés : un travail incessant de notes, de rédaction, de composition , les développait , les perfectionnait. Rien ne lui coûtait pour approfondir les questions les plus épineuses de l'histoire, de la littérature, de la philosophie, de la théologie ; ses nombreux manuscrits, ses précieux autographes, fruits de sa correspondance active avec nos célébrités, témoignent de cette puissance de savoir, de ces vastes connaissances auxquelles la Société Éduenne rendit hommage en le recevant au nombre de ses membres. [1]

Cependant il était une chose qu'il ignorait : l'art moderne par excellence, l'art de se montrer. Il s'effaçait, et sa modestie était aussi grande que sa science. Ses amis, ses élèves seuls ont pu apprécier ce qu'il dérobait aux autres : une belle intelligence développée par un grand travail, un beau talent orné d'un beau savoir.

La sensibilité, d'où jaillit l'enthousiasme, ce feu divin qui pénètre l'âme, la surexcite, la passionne noblement, était un des éléments de cette nature sympathique. Le mal l'affectait vivement, mais tout ce qui était beau et bon le trouvait profondément ému, et ses émotions se communiquaient avec une force étonnante à ceux qui l'entouraient. Les beautés de la nature l'enlevaient et lui rappelaient la puissance de Dieu :

1. Voir Appendice, n° 4.

Cœli enarrant gloriam Dei. Les merveilles de l'art étaient pour lui une révélation des perfections divines, elles ravissaient son admiration et lui faisaient penser au ciel. La musique surtout avait pour lui un charme particulier : un concert, un chant bien exécuté, le transportait de bonheur. La flûte était son instrument favori ; il en jouait en véritable artiste. Un de ses sacrifices, dans sa maladie, était de savoir que dans nos solennités religieuses des chants avaient été exécutés avec perfection, il se consolait par cette pensée de saint Paul : « L'oreille n'a pas entendu ce que Dieu prépare à ses élus. »

Toutes les émotions de famille se répercutaient avec une grande force dans ce cœur si sensible. Nous nous souvenons de cette douleur, d'autant plus profonde qu'elle était silencieuse, que lui causèrent successivement la mort de son oncle paternel, de sa mère, de son père. Ces souvenirs, quoique éloignés, l'émouvaient vivement. « Oh ! écrivait-il à sa sœur, nous ne l'oublierons jamais, cette mère si bonne, si tendre, si aimante, la plus aimée des mères ! Quand la reverrons-nous pour ne plus la quitter jamais ? » (1844.)

Quelle ame fut mieux faite pour l'amitié ? Toujours ami fidèle et dévoué, il en connut les joies et les douleurs ; et plus que personne il pouvait écrire : « Le regret qui fait saigner le » cœur rend plus cher le bien qu'on a perdu. — L'amitié, » comme certaines liqueurs, devient plus douce, plus exquise » en vieillissant. — Elle est comme l'arome de ce vin mûri » par le temps : *Veterascet et cum suavitate bibes illud.* » (Eccli., IX, 15).

Aussi il avait pour l'ingratitude une répulsion naturelle, et souvent, pour dominer ce sentiment, il lui fallut toute la puissance de la charité chrétienne qui pardonne. Il aimait se souvenir de cette devise du P. de Ravignan : « *Laissons tomber, laissons passer. La Providence règle tout. A Dieu, tout simplement et avec abandon.* »

A dix ans il montrait déjà la force de volonté dont sa vie a été l'expression. Cette fermeté était quelque chose de résolu, d'arrêté et de modéré, mais d'immuable dans la modération. Il connut la condescendance, jamais la faiblesse. Il savait ce qu'il voulait, ce qu'il fallait vouloir. Pour atteindre son but, il mettait le temps, et il arrivait. La persévérance à son poste a été la mise en pratique de cette force de caractère. Les vers du poète furent sa devise :

> Crede mihi: bene qui latuit, bene vixit : et intra
> Fortunam debet quisque manere suam.
> (Ovide, *Tristes*, liv. III, él. 4.)

Il résultait de cette force de modération une rare prudence et un bon sens pratique extraordinaire dans la conduite de la vie ; ces qualités, pour ceux qui ne le connaissaient pas, pouvaient même le faire paraître méticuleux.

Ceux qui ont vécu dans l'intimité de M. Farges pouvaient lui appliquer ces paroles de nos livres saints : *Erat ille vir justus et simplex*. Il avait une simplicité d'enfant, et son ame, droite et franchement sincère, ne soupçonnait pas la duplicité. Il aimait le vrai, il voulait le juste. Sa parole toujours vive, son regard toujours ardent, prenaient une animation plus grande lorsqu'il fallait les défendre.

Délicat jusqu'au scrupule dans les affaires matérielles, il l'était plus encore dans ce que nous pouvons appeler la justice morale. Les devoirs de convenance et de politesse lui étaient sacrés ; l'obéissance à l'autorité, sous quelque forme qu'elle se présentât, lui apparaissait comme un devoir de stricte justice ; cette obéissance, dans ses paroles et ses actes, revêtait parfois le caractère de la piété filiale.

On peut dire que le trait de sa physionomie morale était ce que nous aimons le plus dans l'homme : la bonté ; c'est par là que nous ressemblons le plus au bon Dieu. Les sentiments de ce cœur tout entier à aimer, toujours prêt à se dévouer, se traduisaient par la bienveillance de son accueil, par son bonheur à obliger, par cette main toujours ouverte dans celle du pauvre, par ses paroles, ses conseils, ses encouragements toujours prudemment et affectueusement donnés.

Cette bonté recevait un nouveau relief d'une certaine joyeuseté naturelle et toujours charitable. La solitude qu'il aimait, que lui imposait son travail, si douloureux parfois, un fond de réserve presque timide, ont empêché un grand nombre de jouir de cet heureux caractère. Dans les réunions intimes où il était à l'aise, il avait le mot spirituel, gai, souvent entraînant : il donnait la vie à une réunion d'amis. Il pouvait en toute vérité écrire à M. Pourprix : « Que n'étais-je près de vous pour vous égayer un peu en vous rappelant quelques joyeusetés de vos heureux vicaires de Mâcon : le mystique *calefaciens se* du curé ***, les sermons élastiques de l'abbé ***, qui nous faisaient souvent manquer le bateau à vapeur ? »

Nous connaissons l'ambition de M. Farges pour l'acquisition de la science ; il en avait une plus grande encore : il voulait sauver son ame, devenir un saint. Cette pensée le frappa à dix ans ; à vingt ans, elle fixa sa vocation et fit de lui le prêtre pieux et régulier comme un bénédictin, l'homme de foi qui savait sanctifier ses actions les plus ordinaires. Pour lui, la gloire humaine n'était rien : rêve et fumée ; il lui fallait la gloire de Dieu, l'espérance du ciel.

L'onction sacerdotale, en consacrant cette nature ardente, lui avait donné un zèle vraiment apostolique, et il sentait vivement ce qu'il écrivait à un de ses élèves, missionnaire au Thibet : *Da mihi animas, cætera tolle tibi* [1]. Tout ce qui touchait

---

1. Gen., ch. xiv, v. 21.

au salut de ses frères l'intéressait vivement : une ame sauvée était le trésor par excellence.

Son ardeur, sa bonté étaient apostoliquement charitables. Les nombreux élèves, quelques personnes avancées dans la piété qui l'ont eu pour directeur, se souviendront toujours de son onction, mais surtout de sa puissance à les porter à aimer le bon Dieu.

Pour lui et pour les autres il avait étudié, médité les œuvres des grands directeurs des ames, de saint François de Sales, de sainte Thérèse, etc., et sa direction aussi charitable que solide se résumait dans des pensées d'amour, de renoncement, d'oubli de soi : *Tout faire par amour, rien par force*, disait-il avec saint François de Sales; et avec. saint Jean de la Croix : « Qu'est-ce » que sait celui qui ne sait pas souffrir pour Dieu ? »

Et avec Lacordaire : « Le sacrifice est une flamme sans » laquelle tout homme n'est rien qu'un misérable, quel que » soit son rang. »

Les rapports intimes de M. Farges avec Dieu réveillaient les sentiments d'un cœur fait pour aimer. Sa foi, son amour, se traduisaient malgré lui en émotions vives. Souvent, pendant la récitation de son office, on surprenait de brûlantes aspirations qui montaient à Dieu comme des flèches de feu. Au saint Sacrifice, son ame débordait de bonheur : il rappelait toute la ferveur de sa première messe, surtout lorsque dans ses voyages il avait le bonheur de célébrer dans ces lieux vénérés où sa foi ressuscitait tout un passé de pieux souvenirs. Céux qui ont eu le bonheur d'être ses servants se souviennent des larmes qui témoignaient de ses sentiments ardents et qui se résumaient dans ces mots échappés à sa ferveur : *Credo, spero, amo.*

Et cette Eglise notre mère à tous, il l'aimait de toute la puissance de son affection, de sa foi; il l'aimait dans l'œuvre de ses séminaires, à laquelle il avait dévoué sa vie; dans ses prêtres, dans ses pontifes, dont il parlait toujours avec le respect le plus filial ; dans l'immortel Pie IX, qu'il fut heureux de voir en 1857.

A son retour de Rome, il écrivait : « Le moment où j'ai été vivement ému, c'est lorsque je me suis trouvé au Vatican à genoux devant le Pape ; je le voyais, je lui parlais, et de Pie IX je remontais à saint Pierre, de saint Pierre à Jésus-Christ, et de Jésus-Christ à Dieu. Quelle généalogie ! »

Il fut heureux et fier de voir un de ses neveux revêtir l'uniforme de zouave pontifical. « Eh bien, cher Abel, c'est fait !
» Je t'embrasse de cœur, je surabonde de joie en te voyant
» soldat de Pie IX. Que Dieu soit à jamais béni ! Tu es bien
» maintenant le *miles Christi* : y a-t-il une différence entre la
» cause du Christ et celle de Pie IX ? » [1]

1. Appendice, n° 5.

III

Nous avons dit ce qu'était l'homme, le prêtre ; nous devons faire connaître le professeur, l'instituteur de la jeunesse. M. Farges quitta avec regret le ministère actif, mais il entrevit la suréminence de l'œuvre des petits séminaires, pépinières de l'Église, écoles où se forment de solides chrétiens. La jeunesse qui allait lui être confiée était à ses yeux l'espérance de la société, de l'Église et du ciel. Le petit Séminaire d'Autun devint sa patrie ; sa classe, sa famille ; là se concentrèrent toutes les puissances de son intelligence, toute l'ardeur de son cœur, tout son zèle sacerdotal. De prime abord il se révéla un de ces hommes à qui on peut demander pour des enfants qui ne sont pas les siens le dévouement d'un père, la sollicitude d'une mère, de plus la science, la fermeté, la patience qui manquent souvent à un père, à une mère.

Le savant abbé Freppel, dans son étude sur Origène, reconnaît dans l'illustre professeur des écoles d'Alexandrie les qualités que nous trouvons chez M. Farges : la connaissance du cœur humain, la fermeté, l'esprit de méthode, l'entrain, une bonté attrayante et par-dessus tout un dévouement qui fait naître d'autres dévouements.

L'abbé Farges avait presque l'intuition d'une mère : vite il avait sondé toute la nature d'un jeune homme, compris son caractère, ses besoins, pour y conformer sa direction toujours une mais variée.

Doué d'une volonté forte et douce, il possédait ce que Mgr Dupanloup nomme si bien l'*ascendant magistral* et qu'il définit une force personnelle et morale, force d'esprit et de caractère, force de cœur et de douceur qui impose par un mot, un regard, un sourire même et qui commande le respect, l'obéissance.

Ami de la méthode pour son travail personnel qu'il rendait fructueux par l'heureux emploi de son temps, par sa manière de lire et d'étudier avec profit, cette méthode il s'en servait avantageusement pour hâter les progrès de ses élèves. Avare d'une minute, il trouvait du temps pour tout, utilisait les moindres instants. En classe tout était prévu, même la variété : les analyses des lectures, les explications critiques des auteurs préparées avec soin, arrivaient toujours à propos, et il en résultait une grande clarté d'exposition, une rare précision, très favorables au succès de ses élèves, au développement de leur intelligence.

Entraîner une classe de vingt et quelques jeunes hommes, entretenir un travail continuel, le rendre agréable, demande une grande force de volonté soutenue par la pensée du devoir et du bien à faire, mais surtout le *mens divinior*, le feu sacré du professorat, cette électricité des ames qui se communique par un mot, une réflexion et transporte tous les cœurs. Ce fut un de ses mérites. Dévoré du besoin d'apprendre, il avait une autre passion, c'était de donner tout ce qu'il savait, et comme un vase trop plein il se déversait toujours avec abondance. On ne pouvait se soustraire à cet entraînement, on travaillait avec ardeur, presque malgré soi, et on ne remarquait pas, on ne regrettait pas les vols qu'il faisait au temps consacré aux jeux.

M. de Maistre a écrit à un de ses amis ces belles paroles sur Mme de Maistre : « elle a un talent que je regarde comme le » huitième don du saint Esprit, c'est celui d'une certaine » persécution amoureuse au moyen de laquelle il lui est donné » de tourmenter ses enfants du matin au soir pour *faire,* » *s'abstenir, apprendre,* et cela sans cesser d'en être tendre- » ment aimée. »

Notre ami regretté possédait ce huitième don de l'Esprit saint ; il avait cette douce et forte influence d'un amour maternel, *suaviter et fortiter* ; lui aussi avait le talent d'obtenir de ses élèves et même de ceux qui ne l'étaient pas ces trois points : faire, s'abstenir, apprendre. Tous ne comprenaient peut-être pas son talent immense, la puissance de son enseignement, mais tous sentaient son cœur si bon, son dévouement si complet ! Se dévouer, qu'est-ce autre chose sinon se livrer sans réserve, s'oublier soi-même, se compter pour rien, se sacrifier tout entier, et comment résister au véritable dévouement ?

M. Farges se livrait, se donnait, se dépensait pendant ses classes, mais il se dépensait surtout dans son travail préparatoire. Il aimait la science, il la poursuivait avec ardeur, et toujours pour ses élèves.

Dans ses notes il comparait le professeur à un semeur qui doit confier à la terre de l'intelligence le double grain de la science et de la vertu, et il s'écriait : soyons savants, soyons saints, apprenons beaucoup afin de donner largement !

Dans ce travail obscur du cabinet, sa pensée était toute au succès de ses élèves. Père dévoué, mère pleine de sollicitude, il savait que les aliments de l'intelligence comme ceux du corps s'assimilent d'autant mieux qu'ils sont mieux préparés ; c'est pourquoi il rédigera avec soin ses cahiers de tout genre. Afin d'arriver à l'expression la plus précise, à l'exposition la plus nette, il les reverra, les complétera chaque année. En toutes circonstances il recueillera tout ce qui pourra lui être utile pour une explication, un développement intéressant. Jamais il n'abordera sa chaire, même après vingt-sept ans de professorat, sans avoir préparé soigneusement ce qu'il doit dire et expliquer. Semeur de l'intelligence, il choisissait son grain, le vannait, le préparait, et rien ne lui échappait : ni la tenue des copies, ni la prononciation. On demandait à l'immortel Poussin comment il avait porté si haut l'idéal de la peinture, il répondit : « Je n'ai rien négligé. » A qui demanderait comment M. Farges devint un professeur si éminent, nous pourrions répondre : *il n'a rien négligé.*

Comprenant que l'enseignement d'une classe, si utile par le choc des intelligences, le stimulant de l'émulation, ne devient fécond qu'autant qu'il s'individualise, fidèle aux conseils des maîtres, il corrigera, et la plume à la main, chaque copie de chacun des nombreux devoirs de ses élèves ; à chacun de ces jeunes gens il rendra compte de ses fautes, et malheur à celui qui plusieurs fois commettra la même infraction aux règles du goût et de la grammaire. Ses élèves se rappellent encore avec quelle vivacité une faute répétée était reprise.

Ce travail, pénible par sa nature, par sa monotonie, fut son martyre ; il lui fallait souvent lever les yeux au ciel, regarder son crucifix, et quoique le labeur fût dur, il n'y faillit jamais : il s'agissait de ses élèves. N'est-ce pas le sacrifice de saint Paul, qui se comparait à une mère : *Tanquam si nutrix foveat filios suos ?*

La science du professeur, M. Farges la possédait : il savait beaucoup, ce qu'il savait il le savait bien, et il avait le talent de le communiquer ; pour atteindre ce but, il n'épargnait ni fatigues ni veilles. Et cependant il ne voyait là que la moitié de sa tâche.

Suivant la pensée de saint Jean Chrysostome, il regardait comme un ministère sublime la formation du cœur, du caractère de ses élèves, l'éducation de l'homme chrétien. « Quid » majus... quam adolescentulorum fingere mores ? Omni certe » pictore, omni certe statuario, cæterisque ejusmodi omnibus » excellentiorem hunc duco, qui animos fingere non ignoret. »

Dans chaque élève il entrevoyait l'ame à élever, le cœur à nourrir des plus nobles sentiments. La classe devenait une

vocation, un ministère religieux, un apostolat. Tout lui servait
pour atteindre ce grand but d'une vraie éducation : un récit
d'histoire, une thèse de philosophie, un détail même insigni-
fiant ; il saisissait avec un à-propos admirable toutes les occa-
sions de rectifier une pensée fausse, de compléter une notion
imparfaite , de donner à ses élèves une leçon d'autant plus
profitable qu'elle était moins attendue.

Il était un de ces maîtres chrétiens qui pouvaient, comme son
savant prédécesseur [1] et son illustre ami l'archevêque de
Reims, défendre les classiques païens [2]. Entre ses mains, ils
rendaient un son chrétien, et, nouveau saint Basile, il savait
de ces auteurs même tirer un or pur, un miel savoureux que
ses lèvres sacerdotales purifiaient de tout venin. Je ne puis
mieux rendre ce caractère qu'en empruntant les paroles d'un
de ses derniers élèves aujourd'hui dans le monde :

« Je le vois encore en classe dans ses belles et religieuses
» digressions nous exposer les systèmes philosophiques, pas ·
» ser peu à peu à la Bible, à la théologie, puis finir par nous
» dire avec le feu d'un apôtre : « Allons au ciel, allons au ciel
» pour connaître, savoir tout cela, et le voir dans sa beauté
» réelle. »

La classe n'était pas le seul théâtre de ce dévouement sacerdotal. Son bonheur était de voir ses élèves en particulier, de
les soutenir, de les encourager ; dans sa cellule, il était surtout père, mère. Sa charité, qui se déversait comme un parfum dans l'ame de ces jeunes gens, leur rappelait avec chaleur
le bonheur du devoir chrétiennement accompli, et quelquefois
les graves et salutaires pensées de la mort. Dans les fonctions
plus intimes de direction spirituelle, qu'il aimait malgré les
fatigues, parce qu'il aimait, comprenait ces jeunes ames, il était

1. Son Éminence le cardinal Pitra.
2. Appendice, n° 6.

la personnification du Sauveur qui pardonnait et encourageait.

Ses élèves avaient-ils quitté le séminaire, son amour ou plutôt sa charité apostolique les suivait, et il était heureux d'entretenir avec eux une correspondance affectueuse et toujours empreinte de ces fortes pensées de la foi [1]. Ces jeunes hommes, qui avaient été aimés, qui se sentaient toujours aimés, regardaient comme un beau jour celui qui les ramenait dans la cellule de ce maître qu'ils appelaient toujours leur père et qui les regardait toujours comme ses enfants. Et dans ses entretiens comme dans sa correspondance, il trouvait l'occasion d'une parole d'encouragement, de soutien pour la pratique du devoir.

Et on peut dire qu'il fut un de ces maîtres puissants qui ne renvoient pas sans un signe, un cachet, l'ame qu'ils ont touchée, lui laissent comme une marque de leur passage contre laquelle ni le temps, ni l'oubli, ni les passions ne peuvent rien.

J'ai essayé de vous dire ce que fut ce professeur si regretté, je croirais ne l'avoir pas fait connaître si je ne vous citais les paroles chaleureuses que m'écrivait un de ses élèves et qui résument si bien son influence :

« Notre maître ne s'appartenait pas, ses forces, son souffle, » sa vie, tout était pour nous ses élèves qu'il aimait. Ici j'en » appelle au souvenir de tous.

» Jamais homme peut-être ne posséda à un plus haut degré » le talent incomparable d'inspirer à la jeunesse l'amour du » travail. Son ame de feu communiquait à tous ceux qui l'ap- » prochaient quelque chose de son ardeur, et quand il parais-

1. Voir Appendice, n° 7.

» sait en classe, quand son regard enflammé se promenait sur
» ses jeunes auditeurs, il semblait qu'une commotion élec-
» trique parcourait tous les rangs, réveillait tous les cœurs,
» donnait de la vie aux plus apathiques ; et quand sa voix si
» puissante, si vive, si animée, si éloquente nous déroulait les
» trésors de son érudition, de sa science si vaste, fruits de
» tant de travail, de tant de veilles, oh ! comme nous buvions
» ses paroles : les heures nous paraissaient trop courtes.

» Puis une fois rentré dans sa cellule, témoin de tant de
» sacrifices, il aimait nous voir les uns après les autres devant
» la face du Seigneur.

» Qu'il était bon dans ses conversations intimes quand il
» pressait nos jeunes ames pour leur inspirer l'amour de Dieu
» et de la vertu, leur parler de dévouement, d'abnégation, de
» la vanité des choses de la terre, mais surtout de la gran-
» deur, de la sublimité du sacerdoce ! Oh ! nous étions émus
» jusqu'aux larmes, et nous l'aimions ce bon père, et nous
» retournions à notre travail, heureux, contents, fortifiés,
» décidés enfin à être plus généreux : nous l'avions vu, nous
» l'avions entendu, notre ame était comme parfumée de sa
» parole et de son amour. »

Dieu avait fait à **M.** Farges de magnifiques dons pour l'enseignement, mais là n'étaient pas seulement sa force et sa
puissance.

L'éducation est une œuvre surhumaine, une seconde création, et pour ce travail les facultés, l'activité de l'homme,
quelles qu'elles soient, n'y peuvent suffire, il faut le concours,
la main invisible de Dieu, qui, par les mains, les paroles visi-
bles de l'homme, refait son œuvre. Paul plante, Apollon arrose,
mais Dieu seul donne l'accroissement : *incrementum dat Deus*,

et cet accroissement ne s'obtient que par la prière, le sacrifice, le don de soi. M. Farges le savait.

Les progrès de ses élèves dans la science, la vertu, étaient l'objet de sa sollicitude, la pensée de ses veilles, l'occupation de ses songes ; ils étaient surtout le but de toutes ses prières, de ses sacrifices. Il conservait sur un calepin le nom de ses élèves et chaque matin au saint Sacrifice il les offrait à Dieu. Solidaire de tout ce qui se faisait au Séminaire, il pensait devant le Seigneur à tout ce qui pouvait aider au bien et priait pour ces autres enfants qui un jour seraient ses élèves. Quand il ne pouvait les accompagner, les suivre dans leurs excursions à la campagne, comme Moïse priant pour Josué, il priait Dieu d'éloigner tout danger.

Son travail, ses occupations pénibles étaient une prière en action. Comme le martyr au Colysée offrait son sang, sa vie pour ses frères, pour la sainte Eglise, lui, martyr de l'ensei - gnement, offrait ses fatigues, ses sueurs, ses veilles, sa vie qui s'usait pour ses élèves, son Séminaire.

Ces prières ne lui suffisaient pas : il réclamait les suffrages, les secours des bonnes œuvres de toutes les ames pieuses qu'il rencontrait. S'il rendait des services spirituels aux filles de sainte Thérèse d'Autun, à d'autres ames, c'était toujours à la condition qu'on penserait à ses élèves, à son Séminaire.

L'immolation de soi chaque jour de sa vie a été une des puissances de Jésus Sauveur ; c'est encore la puissance de tout homme qui veut faire un peu de bien, de l'apôtre ! Le travail n'est béni, le germe ne devient fécond qu'autant qu'il est arrosé de ce sang du cœur, de ces larmes intérieures d'une ame attachée généreusement à la croix. En quittant Saint-Pierre, M. Farges sentit le sacrifice qui lui était demandé, et chaque jour ce sacrifice était renouvelé. Ce fut là sa grandeur :

l'épreuve sentie donne la valeur d'un homme : *Qui non est tentatus, quid scit ?*

Il ne connut point cette faiblesse qui rejette les croix. Les peines qui le broyèrent souvent le trouvèrent sensible, hésitant quelquefois, mais toujours fort, la pensée et le regard au ciel. Il connut les combats d'une ame avec les difficultés d'une vie de communauté qu'il appelait la plus grande pénitence : *Vita communis, maxima pœnitentia.*

Il connut ces luttes d'une volonté indépendante, condamnée par la règle de la discipline à prendre part plusieurs fois le jour aux détails plus ou moins agréables de la surveillance ; ces luttes d'une intelligence supérieure obligée, comme Elisée, de se rapetisser à la taille de ses élèves, non une fois, mais des milliers de fois ; ces luttes d'une ame dévorée d'un immense désir de savoir, de découvrir de nouveaux horizons, et pendant vingt-sept ans corrigeant avec le même entrain, la même patience, les mêmes fautes élémentaires ; faisant apprendre et entendant redire avec le même intérêt des choses qu'il savait si bien ; cette lutte d'une volonté qui aurait pu avoir une position plus tranquille, mais qui sentait sa mission, qui y restait et voulait y mourir.

A cette ame de nous laisser entrevoir ses combats !

« C'est ma dixième campagne ; priez Dieu qu'il la bénisse.
» Je le sens, j'ai besoin plus que jamais de force et de cou-
» rage. Il y a dans la vie certains cercles vicieux si étroits, si
» monotones qu'ils finissent par lasser les cœurs les plus
» décidés. Mais non ! pas de plainte ! En avant ! tant que Dieu
» voudra et comme il le voudra. Il faut combattre généreuse-
» ment le combat de notre divin Capitaine, n'est-ce pas ?

» Après tout, c'est l'affaire de quelques minutes ; nous ne
» faisons que traverser au pas de course cette vallée de larmes.

» Tout s'y fond et s'y efface en un clin d'œil comme un flocon
» de neige au soleil. Et puis l'éternel *bravium* ne nous attend-
» il pas là-haut? Donc, advienne que pourra, je vais marcher
» encore de toutes mes forces. Heureux si je puis, à la sueur
» de mon front, semer quelque chose pour le bon Dieu ! »

(1851.)

« Mon Dieu que la vie est lourde parfois ! il est des heures
» où je n'en puis plus de fatigues et de dégoût ; mais ce sont
» des lâchetés. Ne faut-il pas porter sa croix? La vie est un
» calvaire où l'on grimpe en suant de la tête et du cœur.
» Après tout, je ne suis qu'un simple ouvrier dans la vigne
» du Maître ; l'ouvrier ne choisit pas sa tâche, il la reçoit.
» Je me recommande à vos prières afin que je fasse ma journée
» jusqu'au bout et le moins mal possible. »

(A M. le curé de Saint-Laurent, 22 mai 1859.)

« Le dominicain saint Pierre de Véronne (1205, 1252),
» tombé sous le fer des assassins après une brillante carrière
» apostolique, écrivit sur le sable avec le sang de ses blessures
» les premiers mots du Symbole des Apôtres : *Credo in Deum.*
» Et nous fils de la croix, soldats du Christ, martyrs de la
» vertu, écrivons aussi chaque jour le *Credo* de notre foi
» avec le plus pur sang de notre cœur, le sang du sacrifice. »

(3 avril 1866.)

Le 22 juin 1868, il écrivait à son cher zouave pontifical :

« Pour moi, je continue à rouler dans le cercle épineux
» que tu connais. Zouave du professorat, j'en suis à ma vingt-
» septième campagne. Quand tu iras au Colysée, sur cette
» arène imbibée du sang des martyrs, au pied de cette croix

» qui fait les vainqueurs, demande à Dieu pour moi, par une
» courte mais chaude prière, la force, le courage, la patience
» jusqu'à la dernière minute de mon sacrifice. »

Ce courage dans la lutte, cette persévérance dans sa mission,
il les puisait dans ces pensées fortes qui depuis son enfance
furent la note dominante de sa vie : vanité de ce monde,
rapidité du temps, incertitude de la mort ; il les glissait souvent
adroitement pour le bien des autres dans ses conversations et
sa correspondance ; afin de ne point les perdre de vue, il les
avait inscrites sur les images de son Bréviaire. A notre tour
d'en transcrire quelques-unes :

Nasci, laborare et mori.
Naître, travailler, mourir.
(S. Aug. serm. 130, n° 2.)

Sic vive quasi quotidie moriturus ;
Sic stude tanquam semper viviturus.

Vivez comme si vous deviez mourir chaque jour ;
Étudiez comme devant toujours vivre.
(S. Jérôme.)

Ama nesciri et pro nihilo reputari.

Aimez être ignoré et n'être compté pour rien.
(Imitation de J.-C.)

Celui qui désire autre chose que Jésus ne sait ce qu'il désire.
Celui qui demande autre chose que Jésus-Christ ne sait ce qu'il
demande.
Celui qui travaille pour une autre chose que Jésus-Christ ne sait ce
qu'il fait.   (S. Philippe de Néri.)

Tout est bien, pourvu que nous portions la croix.
(P. de Ravignan.)

IV

Mgr Dupanloup a tracé ce programme sublime de l'éducation et du professorat : « C'est le suprême labeur ; il faut y mettre toute son ame, tout son cœur, tous ses efforts, toutes ses prières, toutes ses larmes ; vieillir, blanchir et quelquefois mourir à la peine. » [1]

M. Farges l'a réalisé : il est mort à la peine. C'est bien le soldat mourant au champ d'honneur. Plusieurs fois on lui avait proposé de le soulager dans son travail ; jamais il n'avait voulu accepter : il comptait sur sa puissante constitution. Depuis deux ans sa santé s'affaiblissait ; il le sentait, et quelquefois la pensée de l'avenir, l'inutilité de la vieillesse le préoccupaient ; alors il songeait à se retirer dans un cloître pour se préparer à la mort par la pénitence. Cette pensée de la mort était devenue plus que jamais sa pensée habituelle, sans rien lui enlever de sa sérénité et de sa bienveillance.

En mars 1868, la maladie de cœur dont il avait déjà ressenti plusieurs fois les atteintes, même étant vicaire à Mâcon, se révéla avec une violence extraordinaire. Les soins dévoués de la science et de la charité, l'énergie dont il était doué, triomphèrent de la crise ; il put, après quinze jours, reprendre son travail.

Soutenu par le sentiment du dévouement, l'amour qu'il portait à ses élèves, il put continuer sa classe avec le même feu, le même entrain. Il ne fallait pas lui parler de repos : il fixa lui-même le jour où il terminerait son cours ; ce jour-là seu-

____

1. De l'Éducation.

lement il consentirait à suivre complétement les prescriptions de la science.

Ce jour arriva. M. Farges passa de sa chaire dans son lit ; le mois de juillet touchait à sa fin. Il avait dit : « On m'emportera de ma chaire, » et plusieurs fois nous avons craint que cette parole ne se vérifiât. Les quatre derniers mois de son professorat furent pour lui quatre mois de souffrances morales, multipliées et augmentées par l'inquiétude de ne pouvoir finir son année.

En septembre, un mieux très prononcé se fit sentir ; il ne trompait pas les docteurs qui soignaient le malade avec un affectueux dévouement, et qui, au moins, auraient voulu retarder le plus possible la crise fatale.

Quoique le mal fît des progrès, l'espérance ne l'abandonna jamais. Cependant il lui fallut consentir à se choisir ses vicaires, ainsi qu'il les appelait, tous ses enfants, tous ayant au cœur les sentiments les plus vifs de vénération, de piété filiale, tous heureux d'aider leur maître, leur père, et de lui témoigner ainsi leur reconnaissance. La rentrée arrivée, il lui fut impossible de descendre dans sa chaire bien-aimée. Cependant il voulut lui-même ouvrir son cours dans sa chambre ; ce fut une scène émouvante.

Ces vingt-sept jeunes hommes, groupés autour de ce vieux professeur qu'ils aimaient, écoutaient avec une religieuse vénération ce discours d'ouverture, ou plutôt ces paroles affectueuses sortant d'un cœur ému, entrecoupées de sanglots. Les larmes avaient été l'exorde, elles furent la péroraison de cet épanchement de cœur. Ce fut la bénédiction patriarcale qui portera bonheur à ces jeunes gens qu'il appelait ses enfants.

De sa chambre il suivait les classes jour par jour, il présidait aux devoirs, à la distribution du travail, se faisant rendre un compte exact des moindres détails. Les devoirs se corrigeaient souvent chez lui, et lorsqu'il entendait une faute, il retrouvait toute sa vigueur. Toujours il conservait l'espoir de reprendre son travail. Au commencement de décembre Dieu lui donna un peu de répit ; il en voulut profiter pour revoir chacun des philosophes en particulier. Pour chacun il sut trouver des conseils, des encouragements affectueux : ce fut son testament ; il leur avait donné rendez-vous pour le mois de janvier, le rendez-vous eut lieu, mais autour d'un cercueil.

Nous avons vu l'abbé Farges, même sur son lit de douleur, toujours professeur dévoué, toujours l'homme du sacrifice, de la croix. Les maladies de cœur ont pour compagnes les souffrances les plus cruelles ; chez M. Farges elles furent toujours proportionnées à la puissance de sa constitution. Ces crises multipliées qui paraissaient lui enlever subitement la vie, les nuits sans sommeil, ces alternatives d'espérance et de crainte de la mort le trouvèrent toujours résigné !

Il ne pouvait plus prier extérieurement ; alors il demandait à ses confrères de réciter leur Bréviaire près de lui ; il ne pouvait plus travailler, il souffrait, offrant ses douleurs, son sacrifice pour ses élèves.

Dans ses derniers jours, son ame montra toute la grandeur de son dévouement. La maladie avait usé ses forces même pour la souffrance : « Quand je pouvais travailler, souffrir, disait-il, j'avais mon utilité ; aujourd'hui je n'ai plus la force de souffrir, je ne suis plus bon à rien, le bon Dieu ferait bien de vous débarrasser de moi. »

La mort inspirait des terreurs à M. Farges : il avait une horreur instinctive du travail sourd de la tombe, le jugement de Dieu l'effrayait, et pourtant qui plus que lui faisait comprendre, aimer, la bonté, la miséricorde divine.

Il avait craint la mort, le Seigneur lui donna la consolation de la voir arriver avec le calme le plus complet ; il demanda lui-même les secours de la religion, et pendant quinze jours il jouit d'une union complète avec Dieu. Son regard, sa pensée, n'étaient plus sur la terre ; il ne fallait plus lui parler de ce monde ; aux visiteurs qui venaient le voir, il disait quelques paroles pieuses, leur montrait le ciel, où il leur donnait rendez-vous. Il était prêt pour consommer le sacrifice de sa vie, si souvent renouvelé. Par un dessein miséricordieux, le Seigneur lui en cacha le dernier moment.

L'année 1868 avait été pénible : le 1er janvier, nous pleurions un enfant de dix ans ; puis Dieu avait demandé un pareil sacrifice à chacune des divisions des moyens et des grands. Ces malheurs avaient plus que jamais affecté son cœur. Était-ce crainte ou pressentiment ? Il avait dit plusieurs fois à la Sœur qui le servait avec tant de dévouement : « Je mourrai entre vos mains, et je serai cette année l'étrenne du Séminaire. » Le 1er janvier un ange était monté au ciel, le 30 décembre un martyr de l'enseignement devait recevoir la récompense de ses travaux.

Il était cinq heures du soir : depuis quelques instants M. Farges était levé ; il avait voulu occuper ce fauteuil où il s'était assis pendant de longues années, près de cette table où il avait tant mérité par son travail, ses corrections, ses préparations. Il veut reprendre son lit : debout, il jette vers le ciel un regard ardent, suppliant, suivant son habitude, à chaque nouvel effort, tant les souffrances étaient grandes ; il se dispose à marcher, et soudain il s'affaisse sur les bras de la Sœur et du serviteur : son ame était avec Dieu. Rapide comme l'éclair, cette triste nouvelle parcourut tous vos rangs ; elle était malheureusement attendue, et cependant immense fut la douleur de tous.

Pendant quarante-huit heures, ce corps inanimé repose sur ce lit où vivant il avait tant souffert. Il était là, ce cher et vénéré confrère, ce cher et bien-aimé maître ; il était là, calme du sommeil du juste qui s'est endormi dans le Seigneur. Chacun voulut prier près de ces pieux restes ; beaucoup priaient pour eux-mêmes.

Le 2 janvier, nous rendîmes nos derniers et affectueux devoirs à M. Farges. Ses obsèques furent le triomphe du dévouement. Ce prêtre, si peu répandu, était connu et estimé, et sa mort fut presque une douleur générale dans la ville d'Autun. Malgré le mauvais temps, un concours nombreux de prêtres, de parents, d'amis, d'anciens élèves, s'empressèrent de rendre hommage à ce prêtre si dévoué à la jeunesse ; comme le disait un de ses élèves, il y avait « une ame de plus au ciel, un homme de bien de moins sur la terre. »

Notre chapelle était devenue trop petite, et M. Juillet pouvait nous écrire que « le deuil général avait fait de ces obsèques une cérémonie profondément religieuse, douloureusement émouvante. » On eût désiré qu'elle se fît à la Cathédrale : comme chanoine, M. Farges y avait droit ; elle eût eu plus de solennité, mais il lui eût manqué ce caractère qui convenait mieux à la modestie du défunt. Là, dans cette chapelle, était sa place. Devant cet autel où il était si souvent monté, près de cette stalle qu'il occupait, où il offrait ses prières, ses sacrifices, pour vous, mes chers enfants, vos cœurs attristés priaient plus chaudement, vos voix faisaient monter au ciel des chants d'une tristesse plus sympathique, plus suppliante.

Merci aujourd'hui encore à tous ceux qui ont sympathisé à notre douleur.

Merci à nos vénérés membres du chapitre, à ce clergé nombreux, à tous ces fidèles dévoués qui sont venus unir leurs prières aux nôtres et donner ainsi à notre confrère un dernier témoignage de pieuse affection.

Merci à vous, Monseigneur, qui avez eu la bonté d'assister

au service funèbre, qui avez chargé M. Lelong, votre vicaire général, d'offrir les saints Mystères pour son ancien maître.

Merci de vos paroles vivement émues, qui nous faisaient sentir vos regrets, votre affection pour nous tous.

Merci de cette dernière et solennelle bénédiction que Votre Grandeur a voulu donner à ces restes vénérés qui allaient nous quitter.

Confrère bien regretté, père de nombreuses générations, après avoir foulé pendant vingt-sept ans cette terre de dévouement, vous vous êtes arrêté encore dans la force de votre âge, vous avez laissé à cette maison ce qui vous tenait le plus au cœur, vos livres si souvent feuilletés, vos manuscrits, vos notes arrosées de vos sueurs, et puis vous avez voulu reposer aux pieds de ce Séminaire que vous avez tant aimé, dans ce cimetière d'Autun, près duquel vous alliez méditer. Vous serez là sous la protection de nos souvenirs, sous la garde de notre amour, de l'amour de ceux qui vous suivront.

Au moment où vos restes étaient confiés à la terre bénie, vous avez vu vos confrères s'encourager de vos exemples, des pères, des mères, verser des larmes sur vous qui aviez été le second père de leurs fils, vos enfants échanger un regard humide ou se serrer la main, comme des frères, pour fortifier les liens de la famille.

Vous avez entendu cet appel de la reconnaissance, auquel un immense écho des cœurs a répondu : « Tous nous avons » pris quelque chose de cette vie, tous nous voulons vous » donner la terre où vous reposez, vous élever un monument » qui dira à tous votre dévouement, notre reconnaissance » filiale; » un monument qui sera notre rendez-vous, où nous viendrons nous agenouiller pour dire encore : « Père, priez » pour nous. [1] »

1. Appendice, n° 8.

Le lendemain de la rentrée, vingt-sept philosophes, que vous appeliez vos enfants, étaient réunis autour de vous et écoutaient avec un religieux silence vos conseils. Avant de quitter cette maison, de se séparer, tous réunis ont demandé au professeur que vous leur aviez choisi de les conduire sur votre tombe. Là, ils ont prié ! Pour qui ? Pour vous, ou pour eux-mêmes ? Je ne sais ! Mais ils sont rentrés confiants dans l'avenir. Je l'espère, le Dieu des patriarches bénira cette confiance de la piété filiale, ce premier témoignage de reconnaissante vénération.

Monseigneur, Messieurs, Mes chers Confrères, je vous dois une dernière pensée.

Le professeur, a-t-on dit, est un diamant qui, réduit en poudre par le lapidaire, sert à polir d'autres diamants. M. Farges fut un de ces diamants que Dieu, lapidaire divin, a réduit en poussière ténue pendant vingt-sept ans pour donner le poli à bien des ames. Nombreux sont les jeunes gens pour qui s'est usée cette vie par les mille détails, les mille petites actions du professorat. Et Dieu, c'est notre espérance, a recueilli cette poussière, et chacun de ces atomes est devenu un diamant entre les mains du Seigneur, pour lui former une couronne d'immortalité.

Parmi ces diamants qui lui doivent un poli qui fait resplendir leur plus belle eau, la Providence en a trouvé et en trouvera encore qui seront heureux d'être broyés, réduits en poussière, et de s'user dans ces détails de l'enseignement.

Et cet ami, ce père, n'est-il pas ce défunt qui parle, *defunctus adhuc loquitur* : « Courage, les veilles, les fati-
» gues du professorat sont bénies ! Dieu recueille ces par-
» celles, ces atomes d'une vie qui s'use au service de

» l'enfance et de la jeunesse, et il vous sera fait comme à
» moi l'application de ces consolantes paroles de nos livres
» saints : *Qui autem docti fuerint, fulgebunt quasi splendor
» firmamenti, et qui ad justitiam erudiunt multos, quasi stellœ
» in perpetuas œternitates.* » [1]

1. Dan. XII, v. 3.

APPENDICE.

N° 1.

Jean-Marie Farges, oncle paternel du futur professeur, vicaire puis curé de Cuiseaux, où il mourut en 1847, à l'âge de 54 ans, se chargea en partie des frais de son éducation. Ce prêtre selon le cœur de Dieu avait l'intelligence de celui qui est pauvre de pain, pauvre de consolation. Dans sa paroisse, qui lui conserve un souvenir de perpétuelle reconnaissance, il fut le père, le consolateur, souvent le soutien de ceux qu'il appelait ses enfants. A cette école, le jeune Farges se formait pendant ses vacances à la pratique de la charité. Son oncle lui légua pour héritage le devoir de renoncer à certaines créances, le soin de terminer ses bonnes œuvres, et, ce qui lui était précieux, un nom toujours béni, toujours vénéré. *Beatus qui intelligit super egenum et pauperem.*

M. Farges, son grand-oncle, chanoine honoraire de l'église d'Autun, un des hommes les plus vénérables de notre clergé, successivement curé d'Oyé, de Paray, de Saint-Laurent, fut son premier éducateur. Cet homme au jugement droit, au coup d'œil sûr, à la volonté ferme, au cœur sensible, et, par-dessus tout, ami zélé de tout ce qui est devoir, imprima son cachet sur l'ame de son jeune neveu. M. Farges se rappelait avec bonheur ses jeunes années passées sous la tutelle affectueuse-ment ferme de son vieil oncle, à qui il était heureux de rendre le témoignage le plus délicat de sa vive reconnaissance. Ce digne et vertueux prêtre, qui conserve dans sa verte vieillesse toute la fraîcheur des pensées et des sentiments de la jeunesse, a vivement ressenti le coup qui le frappait. Puissent les nombreux services rendus par son neveu, puisse la reconnaissance de tous les élèves du petit Séminaire adoucir ses regrets, consoler sa douleur.

N° 2.

M. Pourprix, ancien professeur de rhétorique au petit Séminaire, avait quitté la cure de Saint-Pierre de Mâcon pour un canonicat à la cathédrale d'Autun. Les liens formés à Mâcon entre lui et M. Farges se resserrèrent. Le climat du Midi devint obligatoire pour sa santé : son départ fut un sacrifice pour son ancien vicaire, qui lui rendit visite à Montpellier et lui écrivit la lettre que nous publions, remarquable à la fois par la délicatesse des pensées, le charme du style, et surtout par une aimable gaieté.

A M. POURPRIX (Montpellier).

Autun, le saint jour de Noël 1860.

« Toujours bien cher M. Pourprix,

» Si je ne vous ai rien dit encore depuis mon retour de Montpellier, le silence, croyez-le bien, n'a été qu'au bout de ma plume. Mon cœur vous a souvent parlé, il a toujours été avec vous, parce qu'il n'a pas cessé une minute de vous aimer. D'ici, je vous vois là-bas, bien calfeutré dans votre villa solitaire, où j'ai passé huit jours délicieux. J'aperçois le petit jardin, le jujubier, la pièce d'eau et les deux gros figuiers qui nous donnaient une ombre si fraîche et des figues si savoureuses. Parfois, je crois me promener avec vous au Peyron, au Jardin des Plantes, à l'Esplanade. Chemin faisant, je cours risque de me rompre le cou dans cet affreux amphithéâtre perpendiculaire, où ma *cascata* vous a tant amusé ; j'ébrèche le banc de pierre ou saint Roch s'assit en revenant d'Italie ; je hume dévotement un verre d'eau au puits de la maison paternelle du saint pèlerin ; je recueille auprès de l'excellent dom Boixet un autographe du jeune Paladilh, le Mozart français ; puis, rentrés dans votre gentille *casina*, nous luttons au trictrac, moi pygmée contre un géant ; aussi comme vous me menez, tambour battant, grande bredouille en tête ! Ces gracieux souvenirs sont là comme un bouquet toujours frais dont j'aime à respirer la suave odeur. Je retourne ensuite à la thèse ou au syllogisme avec plus d'entrain. Quand le cœur a été doucement remué, l'esprit est plus alerte et la langue plus agile. Et tout cela c'est à votre bienveillante amitié que je le dois. Oh ! merci, encore une fois, merci !

» Mais vous, bien-aimé chanoine, comment allez-vous ? La nuit, filez-vous le sommeil tout d'un trait ? Votre voix, qui faiblissait parfois, se tient-elle mieux au diapason ? Ah ! quelle forte dose de santé je vous souhaite, *ad multos annos !* Et, avec la santé, tous les autres biens qui rendent les années vraiment bonnes, très bonnes. Dieu veuille exaucer mes vœux et mes prières, et vous serez heureux autant qu'on peut l'être dans un exil où l'on attend la patrie.

» Vous avez fini votre lettre en me disant : « Aimez-moi » toujours bien, » et moi je finis la mienne en vous répondant : Quand je ne vous aimerai plus ici-bas, mon cœur ne battra plus.

» Tout à vous. »

N° 3.

Grande était l'aptitude de M. Farges pour la linguistique. Il connaissait les langues anciennes, même l'hébreu ; il parlait avec une grande facilité les langues modernes. La charité, son zèle apostolique, lui révélèrent ce goût et stimulèrent son ardeur. Vicaire de Saint-Pierre, il rencontra des Espagnols, ils eurent besoin de son ministère ; il parla leur langue, et, en reconnaissance, ils exploitèrent sa bourse.

Les langues vivantes étaient devenues parties intégrantes des programmes classiques. M. Landriot, supérieur, fit appel à son dévouement ; ensemble ils se livrèrent à l'étude de l'allemand, de l'anglais, et se condamnèrent, pendant des vacances passées à Paris, à un travail puissant. Ce fut un lien de plus dans cette forte amitié.

Il ne se contentait point d'enseigner, il écrivait, traduisait beaucoup. Dans ses voyages, s'il rencontrait un étranger, il lui parlait sa langue nationale. Entretenait-il une correspondance avec des personnes qui connaissaient les langues, il écrivait en anglais, en espagnol, en italien, en allemand, en arabe, et chaque jour il consacrait un certain temps à cette étude.

Monseigneur d'Autun donna l'hospitalité à de jeunes orphelins maronites : ce fut pour lui une nouvelle occasion de pratiquer la charité et de satisfaire son amour des langues ; il enseigna le français à ces jeunes exilés et il connut l'arabe.

Dans ces derniers temps, une grammaire russe lui tomba entre les mains ; si Dieu ne l'eût pas appelé à lui, il eût entrepris cette nouvelle étude.

L'hébreu lui était familier. Depuis son grand Séminaire il le cultivait, et, convaincu qu'on n'apprend bien qu'en enseignant, chaque jour il donnait des leçons à de jeunes hébraïsants, qui lui doivent les éléments de cette langue qu'ils cultivent. Il tenait à faire un cours d'allemand, et, lorsqu'il le pouvait, a donner des répétitions d'anglais, d'espagnol et d'italien.

Nº 4.

M. Farges a laissé de très nombreux manuscrits : il semble s'être fait une loi de rédiger lui-même les cours qu'il faisait à ses élèves. C'est ainsi qu'on possède :

Un cours élémentaire de philosophie, plus des notes étendues sur certaines questions, spécialement sur les écoles philosophiques du dix-neuvième siècle ;

Un résumé de l'histoire de la philosophie ;

Un résumé d'histoire ancienne, du moyen-âge et moderne ;

Une histoire de France ;

Un précis d'histoire contemporaine, des notes sur l'histoire ecclésiastique et des notes critiques sur l'histoire universelle de M. Cantu ;

Des leçons de rhétorique ;

Une histoire de la littérature française, des littératures italienne, espagnole, anglaise, allemande, portugaise, et de la littérature de l'extrême nord-est de l'Europe ;

Une classification des divers genres littéraires ;

Un grand nombre d'exercices littéraires, et jusqu'à une grammaire grecque et une grammaire allemande.

Voilà pour le professeur.

Le prêtre n'oubliait pas les sciences de son état. M. Farges a rédigé des notes sur chacun des traités de la théologie. Puis il a longuement développé certaines questions : la création et les problèmes scientifiques qu'elle soulève, la divinité du christianisme, la vérité du catholicisme, son influence dans les sciences et dans les arts, l'examen des systèmes modernes qui lui sont opposés, le gallicanisme et l'ultramontanisme, *le doigt de Dieu dans l'Eglise,* la littérature sacrée, les beautés poétiques des livres saints.

Tout cela ne suffisait pas à son activité. Il a laissé encore de nombreuses traductions : texte hébraïque de la Bible, catéchisme arabe, plusieurs morceaux de lord Byron, la préparation à la mort, de saint Alphonse de Liguori.

Mais voici qui surprendra davantage et qui montre mieux l'universalité de cet esprit insatiable de connaissances : on a trouvé parmi ses manuscrits des traités de physique, de chimie, de géologie, d'archéologie et de numismatique.

De tous ses manuscrits, celui qu'il semble avoir soigné avec prédilection, est ce qu'il a appelé : *Petite mosaïque de l'esprit et du cœur*, titre excellemment choisi. C'est un recueil de belles pensées, de nobles sentiments, jetés sans suite et au jour le jour, comme ils venaient, rendus souvent par un trait, quelquefois plus développés, toujours avec un cachet propre, au relief vivement et énergiquement accusé. C'est là que se révèle le mieux cette forte intelligence et ce grand cœur.

Que l'on consulte encore ses notes pour servir à un manuel du professeur, on connaîtra alors M. Farges peint par lui-même, et l'on ne pourra s'empêcher d'admirer et d'aimer cet homme, ce prêtre, ce professeur.

Cette passion pour le travail et les sciences de toute espèce a valu au petit Séminaire de posséder, outre les manuscrits dont nous venons de parler, deux très précieuses collections : une belle collection de médailles ; une riche collection d'autographes, fruit en grande partie de ses correspondances avec les hommes illustres de notre époque.

N° 5.

A MON NEVEU ABEL, ZOUAVE PONTIFICAL, A ROME.

Petit Séminaire d'Autun, 22 janvier 1868.

« Eh bien, cher Abel, c'est fait ! Je t'embrasse de cœur ; je surabonde de joie en te voyant zouave pontifical, soldat de Pie IX. Que Dieu soit à jamais béni de t'avoir appelé sous le plus magnifique et le plus saint drapeau du monde ! Tu es bien maintenant à la lettre *miles Christi*. Y a-t-il une différence entre la cause du Christ et celle de Pie IX ?

» Donc, sois digne, cher neveu ! Noblesse oblige, tu le sais. Et te voilà agrégé à l'une des plus illustres familles de notre histoire militaire, à celle des héros de Mentana, ces Machabées du dix-neuvième siècle, *inspice et fac secundum exemplar quod tibi monstratum est*.

» Dans le péril, que Dieu d'abord soit ton bouclier, que Marie te couvre de ses deux ailes de mère ! Mais s'il fallait ton sacrifice plein et entier, en avant, cher Abel, et fais-le héroïquement jusqu'à la fin. Et moi, ton vieil oncle prêtre, après le *De profundis* des larmes, pourrais-je ne pas chanter un *Te Deum* de joie en remerciant Dieu de m'avoir donné un neveu martyr dans le camp de Pie IX ?

» Et veux-tu être parfaitement digne sur le champ de bataille, comme tu sauras l'être, je l'espère bien, sois d'abord, mon cher, un zouave vaillant, invincible, dans les combats de l'ame ! Reste fort contre les séductions ; garde bien ta conscience nette et pure. On ne craint point la mort quand on porte dans sa poitrine celui qui est la résurrection et la vie. Pour cela, prie beaucoup, et plus de cœur que de bouche ; va souvent retremper tes armes spirituelles dans la sainte hostie. Là est le sang divin qui fait les ames des vierges et les cœurs des lions.

» Et puis, cher zouave, ne fais jamais aucune brèche à la discipline militaire. Accomplis de point en point, avec une mâle et sainte énergie, ton devoir de soldat. Anime-toi à briser tous les obstacles, en répétant la devise des vieux chevaliers : Chrétiens..... Dieu le veut !..... Respect, obéissance, dévouement à tes chefs ; cordialité franche et amicale pour tes frères d'armes ; prudence de serpent dans tes liaisons ; dignité et honneur dans toutes tes démarches et secrètes et publiques : voilà en résumé, je crois, le vrai programme d'un zouave pontifical. Fais ainsi, cher Abel, et tout sera bien pour toi et ici-bas et là-haut. Amen ! Amen !

» Pour moi, je continue à rouler dans le cercle épineux que tu connais. Zouave du professorat, j'en suis à ma vingt-septième campagne. Quand tu iras au Colysée, sur cette arène imbibée du sang des martyrs, au pied de cette croix qui fait les vainqueurs, demande à Dieu pour moi, par une courte mais chaude prière, la force, le courage, la patience jusqu'à la dernière minute de mon sacrifice.

» Ton vieil oncle dévoué. »

N° 6.

En parlant de cette discussion récente sur l'usage des classiques païens dans les colléges, M. Farges pouvait dire en un sens : *Quorum pars magna fui.*

Un jour il aperçut dans la vitrine du libraire un livre dont le titre, d'une saveur excitante, le frappa : *Le ver rongeur de la société moderne.* La thèse au moins logiquement tendait à l'exclu-

sion des classiques païens : la confirmation était tirée des saints Pères. Thèse et preuves lui parurent pour le moins étranges : le tout était à l'encontre de la tradition catholique. Il dénonça le livre au savant abbé Landriot, aujourd'hui archevêque, déjà si familiarisé avec les saints Pères. Elle eut le sort qu'elle devait avoir : aujourd'hui comme avant les auteurs païens sont livres classiques. Il est à remarquer que les défenseurs des païens étaient les amis des chrétiens. Longtemps avant la thèse de **M.** Gaume, l'abbé Pitra, plus tard l'abbé Landriot, supérieur, avaient introduit dans le programme du petit Séminaire le mélange des auteurs chrétiens et païens. **M.** Farges aimait à rappeler à son illustre ami leurs combats. A propos d'un souvenir cueilli par Monseigneur à Tusculum, il lui écrivait : « Je vous suis très reconnaissant, Monseigneur,
» de la petite fleur bleue cueillie par vous sur les ruines de la
» villa de Cicéron à Tusculum. Je la garde comme un précieux
» souvenir. Je l'ai collée sur un fragment de marbre que j'ai
» ramassé au même lieu en 1857. Nous sommes toujours
» bien païens, vous et moi. Oh ! si **M.** Gaume le savait, il
» nous maudirait. »

N° 7.

Nous avons eu le bonheur de nous procurer quelques lettres de **M.** Farges à ses anciens élèves : elles font connaître son active influence sur ces jeunes hommes.

A M. X (Grand Séminaire).

« De grâce, mon cher ami, point de défaillance ! Tenez haut votre cœur et votre courage ! Pourquoi donc ces craintes qui semblent vous arrêter sur le beau chemin de votre vocation cléricale ? Les sublimes vertus qu'exige le sacerdoce vous épouvantent, dites-vous ? Et sans doute, à ne considérer que la pauvre faiblesse de la pauvre nature humaine, il y a de quoi trembler. Mais portez plus haut vos pensées, je vous prie ! Regardez le sacerdoce surtout à travers le cœur de Jésus. Et là vous trouverez ce foyer divin de puissance et de miséricorde, où les timides se rassurent, où les faibles deviennent forts. *Gratia Dei mecum*, disait l'Apôtre, et alors il s'élançait comme un lion dans la carrière de l'apostolat. Cette grâce sera aussi avec vous, mon cher. Courage donc encore une fois et confiance !

» Ne vous troublez pas s'il plaît à Dieu de vous refuser, pour un temps, les douceurs sensibles de la dévotion. Bien des saints ont passé par cette épreuve. L'essentiel est d'aimer Dieu d'un amour effectif ; l'amour effectif est un privilége que le divin Maître nous donne ou nous refuse à son gré. Gardez toujours une volonté ferme, généreuse, franchement décidée pour le bien, et le ciel vous bénira, n'en doutez pas. La paix est promise aux hommes de bonne volonté.

» Donc, en avant, mon très cher, la main appuyée sur les cœurs de Jésus et de Marie, et puis ne craignez rien ; en avant, les yeux fixés non point sur cette boue qui s'enfonce sous nos pas, mais au ciel, la vraie patrie des immortelles espérances !

» C'est entendu, n'est-ce pas, vous ne vous découragerez jamais. Quand vous sentirez vos forces faiblir, allez vite vous retremper près du saint autel dans une courte mais chaude prière, et vous reviendrez puissant et plein de feu pour combattre les nobles combats du Seigneur.

» Dieu veuille bénir ces quelques mots que je suis heureux de répondre à votre petite confidence d'ami.

» Tout à vous.

» Petit Séminaire d'Autun, 27 janvier 1859. »

A L'ABBÉ *** AU SÉMINAIRE DES MISSIONS ÉTRANGÈRES (Paris).

« Très cher ami,

» Votre excellente lettre m'a fait grand bien, et la sainte image du missionnaire martyr, J.-P. Néel, signée de vous, m'a réjoui le cœur : merci donc deux fois et bien affectueusement.

» Tout ce que vous me dites sur votre départ d'Autun, sur votre noviciat au séminaire des missions étrangères, m'a beaucoup intéressé et surtout bien édifié. Que vous êtes heureux, bon ami ! Que votre sort est digne d'envie ! Quitter sa barque et ses filets pour suivre le Maître ; tout fouler aux pieds comme de la boue, et puis, n'importe les distances et les périls, courir, voler, la croix à la main, avec ce cri d'apôtre : *Da mihi animas, cœtera tolle tibi.* Que c'est beau ! et voilà le riche lot que le ciel semble vous avoir réservé. Décidément, vous êtes un des enfants gâtés du bon Dieu, avouez-le. Et je vous en félicite, en vous embrassant comme je vous aime, de tout cœur. Et ensuite si, pour comble de faveur, la couronne de J.-P. Néel allait vous tomber aussi sur la tête ! Qu'en dites-vous ? Ce *dies natalis* ne vous fait-il pas tressaillir ?

» En attendant, bon ami, prions chaudement l'un pour l'autre, afin que Dieu nous bénisse tous deux, comme il lui plaira, vous sur le chemin royal des missionnaires apostoliques, et moi, dans la petite cellule enfumée où il me tient depuis vingt-deux ans. *Amen !*

» Trouvons-nous souvent dans les très saints cœurs de Jésus et de Marie, c'est là le rendez-vous des vrais amis.

» Allons ! mon très cher, en avant, avec courage et confiance, et que Dieu vous donne à pleines mains ses plus riches bénédictions ! *Fiat ! fiat !*

» Tout à vous à la vie et à la mort en N. S. J.-C.

» Autun, 3 avril 1863. »

A UN CURÉ.

« Vous vous plaignez de quelques misères qui, çà et là, entravent le bien que vous voudriez semer à pleines mains dans votre bien-aimée paroisse. Mon Dieu! où n'y a-t-il pas des épines? Et vous le savez mieux que moi, les épines sont les fleurs du calvaire, et c'est par le calvaire qu'il nous faut passer pour aller là haut vers notre bon Jésus. Courage donc, mon ami, courage! Les sueurs du bon pasteur sont toujours bénies; Dieu les ramasse goutte à goutte, pour les laisser retomber ensuite sur le troupeau, en pluie de grâces et de bénédictions. Et puis faire un peu de bien pour notre Dieu, en supportant le poids du jour et de la chaleur, et ensuite mourir, n'est-ce pas là tout le bonheur, pour le prêtre surtout?

» Adieu, bien cher Curé, je vous embrasse comme je vous aime, et suis tout vôtre, à la vie et à la mort.

» 5 février 1852. — Petit Séminaire d'Autun. »

A UN ÉTUDIANT EN MÉDECINE.

« Mon cher,

» Vous m'aviez promis votre visite, et j'y comptais. Mais votre promesse a fait comme l'étoile qui file. Aussi je vous l'avoue, avant d'avoir reçu votre bonne lettre, je vous grondais tout bas, toujours avec le cœur cependant. Maintenant qu'avec l'aplomb d'un logicien émérite et lauréat vous m'avez prouvé que force vous a été de passer ma cellule à pieds levés, sans mot dire, je vous pardonne. Mais notez bien, c'est à la condition que vous m'apporterez, à Pâques, l'*Alleluia* de l'amitié. Vous vous y êtes engagé sur l'honneur, et, ne l'oubliez pas, l'honneur d'un bachelier et d'un futur docteur, c'est noblesse qui oblige.

» Je suis heureux de vous voir toujours fidèle aux principes de la religion et de la vertu. Ne quittez jamais cette ligne, mon ami ; là est la dignité et le bonheur.

» Et puis vous voilà à l'école des grandes pensées, à l'école de la mort. Tous ces crânes, tous ces débris humains ne vous prêchent-ils pas bien éloquemment l'*unique nécessaire ?* Ne les entendez-vous pas qui vous disent : « J'ai été ce que tu es, tu seras ce que je suis. » *Hodie mihi..... cras tibi?* Et après? Après, c'est l'ame, c'est Dieu, c'est l'éternité ! Voilà ce qui demeure, mon cher ! Tout le reste, poussière brillante si vous voulez, mais toujours poussière qui disparaît sous le vent de la mort. N'oubliez jamais ces vérités fondamentales, et vous resterez chrétien fidèle, et vous n'en serez que meilleur médecin. « *Medicus sit christianus* » a dit le célèbre docteur Frédéric Hoffmann : chrétien de tête et de cœur, de conviction et de pratique, cela s'entend ; autrement la parole du fameux médecin de Halle n'aurait pas de sens.

» Je vous bénis comme je vous aime, mon cher, du meilleur de mon ame.

» Autun, 3 décembre 1862. »

A UN JEUNE HOMME.

« Très cher ami,

» Votre cœur et votre foi parlent bien haut dans l'excellente lettre que vous avez eu la bonté de m'écrire. Donc, merci deux fois, cher Ferdinand !

» Aimons-nous toujours dans le Seigneur. L'amitié vraie, durable, dévouée, a sa racine au cœur de Dieu, et pas ailleurs. Je ne vous oublie pas, croyez-le bien. Chaque matin, à quatre heures et demie, au saint autel, je vous mets avec effusion sur la patène, vous êtes là avec beaucoup d'autres; mais vous qui m'avez confié votre ame, vous tenez une place de prédilection. Et ainsi je ferai jusqu'à ma dernière messe. Et vous aussi, très cher, pensez à moi dans votre *Ave Maria* de chaque jour, n'oubliez pas dans vos prières le vieux professeur, je me trompe, l'ami dévoué qui vous aimera bien tendrement jusqu'à la fin.

» Et votre *foi*, qu'elle est vive et ardente dans vos lignes! Comme vous frappez juste et fort sur cet inepte rationalisme qui ronge aujourd'hui tant de pauvres intelligences! De quelle ardeur vous aspirez à l'éclatant triomphe de cette foi catholique dont vous avez été nourri, et qui, dites-vous, fait toujours la joie de votre vie! Courage, bon ami! *Confortare!* Enracinez-vous de plus en plus dans les principes religieux. Là seulement est la *vérité*, la *voie* et la *vie :* là est la lumière qui éclaire toutes les idées, la chaleur qui féconde tous les sentiments. Oui! aimez Dieu, pratiquez sa religion, priez, confessez-vous, communiez; et, je vous le promets, vous serez béni richement et ici-bas, pendant ces quelques minutes qu'on appelle la vie, et là-haut dans l'éternelle demeure du Père.

» Vous me promettez de venir nous voir après Pâques. C'est fort bien. En preux chevalier qui a si bien gagné ses éperons, vous tiendrez parole. Venez donc, mon très cher! Tous vos amis seront si heureux de vous revoir! Le vieux père Farges, lui surtout, — merci de ce nom amical que vous voulez bien me donner, — sera jeune encore pour vous embrasser, comme il vous aime, bien tendrement.

» Tout vôtre en Jésus et Marie.

» Avril 1868. »

N° 8.

Immédiatement après la mort de M. Farges, ses élèves eurent la pensée d'un monument. Les nombreuses lettres reçues en communication de ce projet seront conservées comme un précieux témoignage des sentiments qu'il avait inspirés à tous ceux qu'il appelait ses enfants. Nous en publions deux : l'une, d'un rhétoricien de 1841 ; l'autre, d'un philosophe de 1868. Elles seront comme les parenthèses qui renferment les autres.

MONSIEUR LE SUPÉRIEUR,

« Permettez-moi de venir vous exprimer toute ma gratitude de ce que vous avez bien voulu m'adresser une image commémorative du digne et excellent abbé Farges. Ce souvenir me sera infiniment précieux, car j'ai toujours eu pour M. Farges les sentiments de vénération et d'affection les plus vifs. J'eus le bonheur de connaître M. Farges à une époque difficile et pénible ; cette époque redoutable du passage de l'adolescence à l'âge viril. Il sut me comprendre et me tendre une main amie. Que cette main soit à jamais bénie ; sa bonté ne se découragea jamais, et ma reconnaissance lui a été acquise pour toujours.

» J'ai entendu parler vaguement d'un projet formé par ses anciens élèves d'élever un monument à la mémoire de cet homme de bien. Si ce projet prenait de la consistance et venait à se réaliser, je demande à ne pas être oublié dans cette circonstance. Je m'estimerais heureux de contribuer à l'érection d'un monument destiné à perpétuer la mémoire d'un homme pour lequel j'ai toujours professé l'estime la plus profonde et l'affection la plus vive. Merci encore à vous, Monsieur le Supérieur, d'avoir bien voulu penser à moi en cette circonstance.

» J'ai l'honneur d'être..... etc. »

« Il y a donc une ame de plus au ciel, une grande place vide dans notre pays. Votre lettre ne m'a pas surpris. Il me semblait que malgré son âge, M. Farges avait déjà vécu une vie d'homme, une vie de savant, une vie d'ami, de père pour ses élèves; enfin, une vie de saint. Il n'était pas âgé, mais il avait employé tout ce qu'un homme peut épuiser au service de sa mission, de sa religion.

» Par une coïncidence remarquable, un instant avant votre lettre j'avais lu ces mots de J.-J. Rousseau : « l'homme qui a » le plus vécu n'est pas celui qui compte le plus d'années, mais » celui qui a le plus senti la vie; » ne pourrait-on pas ajouter celui qui l'a le plus fait sentir aux autres : ce serait le portrait de ce cher M. Farges.

» Votre lettre cependant m'a consterné; je m'attendais à le revoir avec ses yeux si vifs, avec une parole d'encouragement, un bon conseil sur les lèvres.

» Je le vois encore en classe dans ces belles et religieuses digressions, nous exposer les systèmes philosophiques, puis passer peu à peu à la Bible, à la théologie, et finir par nous dire : Allons au ciel, allons au ciel pour savoir tout cela, le voir dans la réalité.

» Je sais bien qu'il n'oubliera pas dans le ciel ceux qu'il a aimés sur la terre, et il a aimé tous ceux qu'il a connus. »

Autun, Michel Dejussieu, Imprimeur de l'Évêché.

UNE RÉUNION DE FAMILLE

AU PETIT SÉMINAIRE D'AUTUN

LE 25 AOUT 1869.

Au lendemain de la mort de M. Farges, alors que ceux qui avaient été ses élèves ou plutôt ses enfants se sentaient pleins de la douleur qu'on éprouve en perdant un père , une même pensée s'élevait à la fois dans le cœur de tous :

« Ériger par souscription à M. Farges un monument de reconnaissante et perpétuelle mémoire. »

Cette pensée vient d'être heureusement réalisée. De chaudes et nombreuses adhésions ont accueilli la circulaire adressée par d'anciens élèves de M. Farges réunis en comité. « Au pied de ce Séminaire qu'il a tant aimé, » M. Farges a son lieu de repos, et là s'élève le monument qui rappelle le dévouement du père et l'amour des enfants.

On sait le concours inattendu qui honora les funérailles de M. Farges, et cependant un grand nombre de ses élèves avaient été privés de la consolation d'y apporter leurs larmes et leurs

5

prières : aussi réclamèrent-ils une nouvelle réunion autour de son cercueil.

Mercredi dernier 25 août 1869 était le jour fixé : ecclésiastiques et hommes du monde arrivèrent en foule au pieux rendez-vous.

A dix heures, en présence de Mgr l'archevêque de Reims et de Mgr l'évêque d'Autun, plus de deux cents prêtres et un plus grand nombre de laïques assistaient à la messe de *Requiem*, célébrée par M. Lelong, vicaire général, qui ne le cède à personne en respectueuse affection pour son ancien maître. Les tristes chants de la mort, que l'Église met sur les lèvres de ses enfants, furent exécutés de manière à produire sur tous les auditeurs une impression profonde : tous les cœurs sentaient ce que disaient les voix.

L'office divin terminé, on se rendit comme pour de nouvelles funérailles au lieu où repose le corps de M. Farges.

Les assistants étaient plus nombreux encore. Mgr Landriot tenait à rendre un dernier hommage à son « vieil ami » ; il laissa échapper de son cœur des paroles qui sont encore dans la mémoire de tous, et qui, en glorifiant le *sacrifice* dans le chrétien, dans le prêtre, et spécialement dans le prêtre éducateur de la jeunesse, sont devenues le panégyrique mérité de celui qui avait usé sa vie dans ce labeur obscur, si bien appelé un martyre.

Ces paroles, interrompues à plusieurs reprises par des applaudissements que la nature du lieu était impuissante à retenir, répondaient au sentiment général : la mémoire du bien-aimé défunt a été dignement honorée.

Les passages les plus énergiquement applaudis étaient ceux où Mgr de Reims vengeait son ami des insinuations malveillantes dont il avait été l'objet, et qui devaient, croyait-on peut-être, tristement assombrir la belle cérémonie du 25.

Les dernières prières, chantées d'une voix émue par Mgr de Reims sur la tombe de M. Farges, terminèrent cette première partie de la réunion de famille.

M. le Supérieur avait retenu à déjeuner tous ceux qui étaient venus honorer la tombe de leur père, de leur ami.

Le réfectoire du petit Séminaire réunit, joyeux de revoir leurs places d'autrefois, près de trois cents anciens élèves, prêtres et laïques, jeunes gens et hommes mûrs, tous animés de la plus sincère cordialité, sentant tous avec bonheur la douceur et la force des liens que sait former une éducation chrétienne.

Les divers toasts portés à la fin de ces fraternelles agapes n'étaient que la traduction de ce sentiment.

On pria M. le baron d'Anglejan, comme l'un des plus anciens élèves présents à la réunion, de vouloir bien porter la santé de Mgr l'archevêque de Reims : s'étant fait l'interprète de la reconnaissance de tous pour l'auguste prélat, il exprima le vœu de voir se conserver et se fortifier de plus en plus chez les élèves du petit Séminaire le respect affectueux pour leurs maîtres, et entre eux la plus chrétienne confraternité.

M. l'abbé Rochet, curé de Marcigny, porta ensuite un toast à Mgr de Marguerye : l'union intime et chrétienne des prêtres et des laïques enfants du petit Séminaire, source féconde de bons exemples : tel fut le souhait qu'il exprima au premier pasteur du diocèse.

Dans une réunion si cordiale, on ne pouvait oublier de faire la part de celui que tant de générations d'élèves ont su apprécier et chérir.

M. l'abbé Lelong, s'adressant à M. Duchêne, a su trouver des paroles pour exprimer magnifiquement l'affection universelle. Aussi les applaudissements les plus chaleureux lui ont-ils fait écho. Ce sera certainement pour tous une bonne fortune

de retrouver ici cette effusion de cœur, dont nul n'oubliera
le ton et l'accent :

« Messieurs,

» On m'a demandé de me faire l'interprète de vos senti-
» ments de reconnaissance envers l'excellent et bien-aimé
» supérieur de cette maison. Pauvre interprète que vous avez
» en moi ! J'accepte pourtant volontiers puisque vous le
» désirez, parce qu'à défaut d'une autre éloquence, je sens
» que, sur ce sujet, je puis du moins vous promettre celles
» du cœur !

» Du reste, dans cette fête de famille, pleine de consola-
» tions malgré la perte douloureuse qu'elle nous rappelle,
» au moment où nous nous trouvons tous joyeusement groupés
» autour de notre premier pasteur, qui porte à cette maison
» un si bienveillant intérêt, autour de l'illustre archevêque
» dont le nom demeurera dans les annales du petit Séminaire
» d'Autun comme une de ses gloires les plus aimées, nous
» ne saurions sans ingratitude oublier celui qui nous a ménagé
» avec une délicate et religieuse sollicitude cette touchante
» réunion. C'est grâce à lui que nous avons pu venir encore
» une fois déposer sur cette tombe trop prématurément
» ouverte le tribut de nos regrets, de notre affection et de
» nos prières.

» Mais que notre cher Supérieur se rassure ! Je ne veux pas
» blesser sa modestie par des éloges qui lui déplairaient mille
» fois plus que les *étranges* insinuations dont elle a été l'objet.
» Je laisse à ses œuvres le soin de le louer dignement... .
» Oui ! qu'elle parle, qu'elle réponde, plus éloquente que
» tous les discours, la prospérité de cette maison, qui va
» toujours croissant sous sa direction aussi paternelle qu'in-
» telligente ! Qu'elles parlent, qu'elles répondent, et la con-

» fiance des familles, et l'affection unanime dont l'environnent
» ses enfants, et l'admirable union qui règne entre lui et ses
» collaborateurs !..... Mais qu'ils parlent surtout vos souvenirs
» à vous, Messieurs, et vous êtes nombreux dans cette assem-
» blée, à vous qui l'avez eu pour supérieur ! Qu'ils parlent et
» qu'ils disent si l'éloge de notre cher défunt, dont nous
» entendions il n'y a qu'un instant, avec une indicible joie,
» une parole éloquente et certes parfaitement autorisée glori-
» fier les vertus, si cet éloge ne s'applique pas trait pour trait
» à celui qui fut l'ami de M. Farges, et je ne craindrai
» pas de le dire, son *providentiel* appui sur cette route obscure
» et laborieuse, où on vous l'a si bien montré victorieux dans
» le sacrifice et par le sacrifice.....

» Je n'insiste pas, Messieurs, ce serait inutile, je le sens.
» Mais je vous demande la permission, et vous me l'accorderez
» volontiers, n'est-il pas vrai ? de remercier ce digne et vénéré
» Supérieur de nous avoir fourni l'occasion de donner à notre
» reconnaissance envers M. Farges un libre et public essor.
» Merci de la gracieuse invitation qu'il a bien voulu nous
» adresser, et par suite de laquelle nous nous sommes réunis
» dans cette maison, dont aucun de nous, quelle que soit
» d'ailleurs sa voie au milieu du monde, n'a perdu le souve-
» nir ! Merci pour cette cordiale hospitalité qu'il nous offre,
» et qui vous inspirera peut-être la pensée de renouveler de
» temps en temps ces bonnes et fraternelles agapes, où l'ame
» renouvelle sa jeunesse !

» Et s'il en est ainsi, Messieurs, je souhaite que M. Duchêne
» reste encore de longues années à la tête de cette maison
» pour nous y convier et nous y recevoir. C'est le vœu le
» meilleur, ce me semble, que nous puissions former pour
» la prospérité et le bonheur du petit Séminaire d'Autun ! »

L'impression produite par ces paroles est de celles qui échappent au récit.

Mgr l'archevêque de Reims, répondant au toast de M. d'Anglejan, s'exprima à peu près en ces termes :

« Après les paroles si éloquentes de la grande éloquence
» du cœur que vous venez d'entendre, je ne puis que vous
» remercier des sentiments qui m'ont été offerts. A mon tour
» je dirai :

« A l'union la plus intime des cœurs; à la prospérité
» toujours croissante de vos familles et de vos paroisses ; au
» souvenir de cette fête, qui laissera dans toutes les ames des
» émotions impérissables ! »

Sur l'invitation de Mgr de Marguerye, M. Duchêne se leva pour répondre à M. Lelong ; les témoignages de la plus sympathique affection accueillirent les quelques paroles qu'on va lire :

« MESSIEURS, OU MIEUX, MES CHERS AMIS,

» Monseigneur d'Autun désire que je vous adresse quelques
» mots : je m'arrête à une des pensées exprimées par
» M. Lelong : le souvenir du Séminaire.

» C'est pour moi un véritable bonheur de vous voir ici
» réunis dans les sentiments de la plus douce fraternité.

» Vous voyez à cette table le vénérable M. Léveillé, pendant
» de longues années supérieur, notre père à tous. Vous m'y
» voyez, moi, le plus jeune des supérieurs. Nous formons
» ainsi comme les deux membres d'une parenthèse entre
» lesquels se trouvent Monseigneur de Reims, mon illustre
» prédécesseur, et le successeur de M. Léveillé, M. Juillet,

» qu'à notre grand regret ses travaux apostoliques retiennent
» loin de nous.

» Il me semble qu'à la vue de cette réunion tout amicale
» je ne puis mieux résumer les sentiments de tous qu'en disant
» ces paroles de nos livres saints : *Ecce quam bonum et quam*
» *jucundum habitare fratres in unum.* »

Enfin, Monseigneur d'Autun, heureux, on le voyait, au
milieu de cette parfaite cordialité, résuma ses vœux en donnant
à tous les élèves du Séminaire un même mot de ralliement :
« l'amour de l'Église et l'amour de la patrie ! »

Les douces émotions de cette journée ne pouvaient que
fortifier l'idée de réunions périodiques pour les anciens élèves
du petit Séminaire ; répondant à de multiples instances, M. le
Supérieur crut devoir dire les nombreuses demandes qui lui
ont été adressées à ce sujet.

Immédiatement, et par acclamation, les réunions périodiques
furent décidées en principe. Quant aux détails, il fallait les
étudier plus à loisir ; dans une nouvelle réunion indiquée
pour l'année prochaine ils pourront être fixés.

Cependant, pour rester le moins possible dans l'incertitude,
on demanda la constitution d'un comité. Les acclamations
unanimes nommèrent à la présidence de ce comité M. l'abbé
Lelong, dont les chaleureuses paroles vibraient encore au
plus intime du cœur de tous ceux qui l'avaient entendu et
applaudi avec tant de bonheur.

M. le baron d'Anglejan accepta la vice-présidence ; MM. Raoul
du Jeu, Armand de Noiron, Adolphe Raquet, et MM. Bertrand,
vicaire de la Cathédrale, Magnien, vicaire de Notre-Dame, assu-

rent leur concours dévoué au succès de cette œuvre de fraternité chrétienne.

Enfin, pour que cette œuvre eût bien, dès son origine, un vrai cachet de famille, **M.** Duchêne, joyeusement entouré comme autrefois, reçut de la bouche de tous la présidence d'honneur du comité des réunions.

L'heure des séparations approchait ; après quelques instants passés sous les beaux ombrages qui rappellent tant de souvenirs, les pas se dirigèrent comme d'eux-mêmes vers la Vierge du jet d'eau, et là, en la compagnie de Nosseigneurs de Reims et d'Autun, une filiale prière confia à la Mère immaculée les pensées, les joies et les espérances que chacun avait trouvées dans cette première grande réunion de la famille du petit Séminaire d'Autun.

DISCOURS

PRONONCÉ

PAR MGR L'ARCHEVÊQUE DE REIMS

LE 25 AOUT 1869

APRÈS LE SERVICE CÉLÉBRÉ AU PETIT SÉMINAIRE D'AUTUN, POUR LE REPOS
DE L'AME DE M. L'ABBÉ FARGES.

> *Credita sibi officia diligenter ob-
> servant.*
>
> Il est des hommes qui accom-
> plissent avec une scrupuleuse
> exactitude la mission qu'on leur
> a confiée [1]

MONSEIGNEUR,
MES TRÈS CHERS FRÈRES,

Il y a bientôt vingt-huit ans, sous l'administration intelligente et dévouée du vénérable M. Juillet, la chaire de rhétorique du petit Séminaire d'Autun était vacante par le départ
de celui qui est devenu depuis une des gloires illustres de
l'Église d'Autun, Son Éminence le savant cardinal Pitra.
Mgr d'Héricourt, cet évêque dont le zèle, la distinction et les
grandes vertus ont laissé un souvenir toujours vivant dans le
diocèse, avait jeté les yeux sur un jeune vicaire de Mâcon pour

---

1. Esther, XVI, 5.

remplacer celui qu'une vocation plus parfaite venait de nous enlever [1]. Nous eûmes à combattre de vives résistances, fondées sur des raisons de modestie et sur l'attrait que présentaient les fonctions du saint ministère. Après de longs et pacifiques débats, notre ami fut vaincu, et je vois encore l'endroit du petit chemin qui du cimetière de la ville conduit au village de Couard, je vois la place où, dans une promenade égayée par une amicale conversation, l'excellent abbé Farges se rendit gracieusement à mes instances [2] et accepta la difficile mission qu'il devait si parfaitement remplir. Le successeur de Mgr d'Héricourt, ce digne prélat auquel nous sommes heureux de payer en ce moment le tribut de notre affectueuse reconnaissance, Mgr de Marguerye, si zélé pour le bien de son diocèse et si dévoué à son petit Séminaire, sut comprendre bien vite la perle qu'il possédait, et prodigua toujours à notre bien-aimé professeur les marques de son estime, de sa confiance et de son amitié.

Je laisse à d'autres le soin de décrire les détails de cette vie toute sacrifiée à l'idée du devoir, de faire connaître la noblesse de cette intelligence d'élite, de ce caractère si bon et si expansif, et même de raconter les douces et charmantes originalités de cette nature d'or. Je laisse à d'autres le soin de dire ses vertus sacerdotales, et la profondeur de son dévouement à l'Église et à son Chef auguste, dévouement d'autant plus sincère, qu'il avait pour maxime et pour règle cette

---

1. M. l'abbé Pitra venait d'entrer à l'abbaye de Solesmes.

2. Il nous écrivait, le 21 juin 1858 :

« Il y a dix-sept ans que bon gré malgré vous m'avez installé ici......
Me voilà vieux professeur : mes tempes grisonnent ; mais quand je pense à vous, et Dieu sait si j'y pense souvent, je me sens le cœur toujours jeune pour vous aimer bien chaudement. « Au cœur il n'y a pas de rides, » a dit un de nos poètes, et ce jour-là il a dit vrai ; j'en fais la douce expérience. »

parole de l'Évangile, *noli tuba canere ante te* [1]. D'ailleurs notre
cher défunt a parlé et écrit sur ce sujet de manière à satisfaire amplement tous les esprits non prévenus ; mais il est des
hommes qui ont le parti pris de ne lire et de n'entendre que
ce qui va à leurs passions injustes et calculées. Ces hommes
ont toujours existé dans l'Église ; saint Chrysostome les carac-
térisait ainsi, et, depuis cette époque, ils n'ont pas changé :
« Ils paraissent défendre les causes les plus saintes, mais dans
la réalité ils ne suivent que le mouvement de leurs passions
privées [2] ; *multi, dum Deum vindicare videntur, suis privatis
indulgent passionibus* [3]. » Je croirais faire injure à notre ami
si j'essayais même de le disculper. Du reste, il est des choses
dont les ames honnêtes ont fait justice, et le sentiment public
me dispense d'y répondre.

Aujourd'hui, je voudrais seulement déposer avec vous quelques paroles affectueuses, quelques larmes du souvenir le plus
tendrement dévoué sur la tombe de celui que nous pleurons
tous, et dont le petit Séminaire portera longtemps le deuil.
Et comme il convient que nous emportions de cette réunion
de famille au moins une pensée édifiante, je m'arrêterai à
cette réflexion : M. Farges a été, comme professeur, l'homme
du dévouement, et c'est cette vertu du dévouement sincère à
ses devoirs qu'il nous prêche du fond de sa tombe : *defunctus
adhuc loquitur* [4].

Cette vie est pour tous un combat, c'est une lutte de tous
les instants. L'existence est un acte de continuel dévouement,
d'abnégation, de sacrifice : l'homme doit se renoncer lui-

1. Math. vi, 2.
2. Hom. 29, *in Mathæum,* t. 7, p. 345, éd. Bén.
3. Οἰκεῖα πληροῦσι πάθη.
4. Heb. xi, 4.

même pour se donner aux autres ; et, chose merveilleuse ! c'est dans ce renoncement accompli d'une manière divine qu'il retrouve la vraie vie. Mais pour notre pauvre nature, qui a toujours la tentation de se rechercher elle-même jusque dans les actes de vertus, ce qu'il y a de plus difficile, ce qui est vraiment héroïque, c'est le dévouement obscur, caché, silencieux, *cum silentio operantes* [1] ; c'est la vie qui s'use à petit feu dans une position dont l'œil vulgaire n'apprécie pas toujours assez le mérite. A notre époque, où l'on parle d'une façon si bruyante de dévouement à la chose publique, à la cause du peuple, où sont donc la véritable abnégation, le véritable esprit de sacrifice ? Les hommes se dévouent en paroles, en programmes, en phrases pompeuses ; mais combien de fois ce dévouement en paroles ne se traduit-il pas, dans les faits, par le culte des intérêts privés et les secrets calculs d'une ambition habile à se déguiser sous de trompeuses apparences ? Ou bien encore l'on recherche les dévouements pleins d'éclat et de gloire extérieure, et l'on oublie la pratique de ces dévouements profonds et tranquilles, silencieux et féconds, comme tout ce qui est vrai et sincère.

Combien sont différentes les pensées que nous inspire la religion ! Le dévouement évangélique est une œuvre effective ; fille de l'intelligence et du cœur, elle embrasse l'être tout entier et l'immole, loin du bruit, sur l'autel du devoir. Comme tout ce qui est divin, elle est fondée sur la vérité : elle donne peu de paroles, car, dit l'Écriture, l'abondance de paroles est souvent une preuve de la pénurie du fond : *ubi verba sunt plurime, ibi frequenter egestas* [2] ; elle donne peu de paroles, mais la plus riche éloquence est la multiplicité féconde des actes.

1. Thess. III, 12.
2. Prov., XIV, 23.

L'ame évangélique n'aime pas à sonner de la trompette : *noli tuba canere ante te* [1] ; si un certain éclat est nécessaire à l'expansion du bien, elle l'accepte comme instrument, mais elle n'y met ni son espoir ni sa confiance ; elle s'en sert pour la gloire de Dieu, et son intention, dit saint Grégoire, reste toujours dans le secret.

C'est là, M. T. C. F., une vérité première dans l'ordre évangélique, vérité qui se trouve en parfait accord avec les données de la saine raison et de l'expérience. En général, c'est toujours ce qui est silencieux et caché qui soutient les grandes choses ; partout, dans l'ordre physique et moral, les racines vivent dans les régions souterraines, et cependant ce sont les racines qui partout nourrissent la fleur dans son gracieux épanouissement et prodiguent les sources de la vie à l'arbre fécond, à ses rameaux chargés de fruits abondants. L'esprit du monde a d'autres maximes : avant tout, il faut briller et paraître ; avant tout, il faut faire parler de soi et faire retentir tous les échos de la renommée, et ce n'est pas une des moindres raisons pour lesquelles les œuvres du monde sont souvent vides aux regards de Dieu et aussi des personnes sérieuses. « Notre sacrifice au Christ, dit saint Ambroise, et l'oblation de notre vie doivent s'accomplir, non pas dans les œuvres apparentes, mais dans le secret des choses cachées : *non in his quæ videntur, sed in occultis et in abscondito* [2]. »

Le simple exposé de ces principes n'est-il pas le plus beau panégyrique de notre cher défunt, et en même temps la plus complète glorification de la vie de professeur ? et sous ce nom de professeur je comprends aussi les fonctions plus élevées, car ceux qui dirigent ne professent-ils pas dans toute leur vie

1. Math. vi, 2.
2. *In Psal ,* 118. *Serm.*, 20, n° 55. T. 2, p. 1501.

le dévouement et l'abnégation la plus méritoire ? N'est-ce pas un dévouement héroïque que cette vie du professeur qui se consacre tout entière à une position obscure, à la monotonie d'une existence pleine de privations et de sacrifices ? Sans doute il y a pour le bon prêtre des joies et des dédommagements, car Dieu promet à ses amis le centuple même en ce monde : le bonheur du devoir accompli, la satisfaction intime d'une vertu si belle que Dieu s'en est réservé la récompense, et toutes les joies profondes et cachées de l'ame humble et heureuse dans son obscurité. Mais pour comprendre et goûter ces joies, il faut avoir l'ame évangélique, il faut traverser les amertumes imposées à la faiblesse humaine, il faut vivre sur ces sommets de la foi chrétienne où les choses changent de nom et presque de nature, où ce qui était amer devient doux, où ce qui était héroïque devient une heureuse habitude, et il n'en est pas moins vrai qu'en elle-même cette vie est un sacrifice, une immolation. Que dis-je ? c'est un martyre, et cette vie, autant et peut-être plus que toute autre, mérite qu'on lui applique spécialement cette parole de saint Jérôme : « Ce n'est pas seulement l'effusion du sang qui est un martyre ; le sacrifice d'une ame dévouée est un martyre quotidien : *sed devotæ quoque mentis servitus, quotidianum martyrium est* [1]. »

Cher et excellent supérieur, qui depuis de si longues années faites fleurir ce bel établissement par votre douce et intelligente paternité et votre dévouement à toute épreuve, et vous, ses bien-aimés et zélés confrères, quand même votre modestie devrait s'en effrayer, je tenais, au souvenir de celui que nous pleurons tous, à rendre aussi justice à votre généreux dévouement, je tenais à vous dire tout ce qu'il y a de glorieux dans votre vie humble et cachée, tout ce qu'il y a de méritoire aux

---

1. Cité par Bonavent. *Pharet*, liv. IV, c. 49, t. 7, éd. Venise.

yeux du Seigneur et de son Église. Ces sueurs que vous versez dans l'ombre, ces sueurs de l'ame qui arrosent vos travaux quotidiens, ce sont les sueurs du martyre, *devotæ quoque mentis servitus quotidianum martyrium est.* Ces ennuis, ces fatigues d'une vie toujours la même, de ces longues heures d'une existence monotone, se répétant comme le son de l'horloge toujours mobile et toujours invariable, c'est le sang de votre ame qui coule ; mais ce sang d'un martyre occulte, il devient aussi, pour rappeler une magnifique parole de Tertullien, il devient la semence des chrétiens, la semence des prêtres, *semen est sanguis christianorum* [1]. Les séminaires ne sont-ils pas en effet, selon l'étymologie du mot, la pépinière où l'on sème l'avenir des chrétiens, l'avenir des bons prêtres ?

En ce moment, ma pensée et mon cœur s'élargissent pour embrasser toutes ces générations de prêtres éclairés et dévoués qui, depuis l'origine, ont fondé, soutenu le petit Séminaire, et l'ont conduit successivement à un état de florissante prospérité. Plusieurs d'entre eux sont ici, je crois ; ils m'entendent, ils me comprennent, et, avec cette supériorité de cœur qui ne s'abaisse jamais en rendant justice au vrai mérite, et qui ne s'arrête pas à de vulgaires pensées, ils sont les premiers à s'associer à cette grande manifestation. Ils sentent qu'ils ont leur part de gloire et de reconnaissance en cette fête de famille, et qu'en célébrant le dévouement de celui qui est mort au champ de l'honneur, après 27 ans de campagnes non interrompues, nous célébrons les dévouements de tous ceux qui, après avoir consacré dans cette maison une partie de leur existence à l'éducation de la jeunesse, sont allés exercer leur zèle sur un théâtre plus vaste, et portent avec dignité le poids d'une belle vieillesse. Eux aussi ont leur monument : il est dans notre

---

1. *Apolog.* A la fin.

cœur ; c'est le monument de notre amour et de notre reconnaissance. — Ainsi, tout en conservant son cachet individuel, dont les hommes sérieux comprennent les motifs spéciaux, cette fête a une portée plus haute que nous cherchons à mettre en relief en glorifiant, à l'occasion de la mort de M. Farges, le dévouement de tout le corps professoral. A ce point de vue, qui est celui de la vérité, disparaissent toutes les mesquines susceptibilités qui seraient en quête de prétextes pour découvrir dans la fête de ce jour la diminution de tout un passé glorieux, auquel nous tenons, au contraire, à rendre un sincère et affectueux hommage.

Mais je vous dois aussi une parole et un remercîment à vous, mes chers enfants, qui êtes venus apporter le tribut de vos regrets et de vos larmes à cette cérémonie qui vous intéresse d'une manière toute spéciale. A vous, qui ne savez pas encore les douleurs de la vie, il est bon et utile de faire connaître ces importantes vérités. Souvent, à votre âge, on s'imagine volontiers que la direction de la jeunesse et que la vie du professeur n'ont guère que des charmes et des agréments. Il est bon et utile que vous puissiez au moins entrevoir la réalité, afin de mieux apprécier les choses, de rendre la tâche plus facile et plus douce par votre affectueuse obéissance ; car l'affection est une huile de joie qui donne de la souplesse et de la suavité aux mouvements et aux ressorts de la vie. Sur la tombe de celui qui vous a tant aimés, répétez cette parole de l'Évangile : « La plus grande marque d'amour est de donner sa vie pour ses amis [1]. » Cette vie de l'intelligence et du cœur qui surabondait en lui, il l'a versée tous les jours ; pendant 27 ans cette vie généreuse a coulé, et la dernière goutte s'en est allée avec le dernier battement de ce cœur qui palpitait encore pour vous.

[1]. Joan., XV, 13.

Je ne puis oublier ces nobles enfants du petit Séminaire, qui ont été élevés sous ces beaux ombrages de la nature, de la science et de l'affection, et qui aujourd'hui font l'honneur de la religion dans le monde. Ils sont nombreux, et ce n'est pas une des moindres gloires de cette maison d'avoir répandu partout la semence des bons prêtres et la semence des bons chrétiens. Ils auraient manqué à cette fête, et je les remercie d'avoir tenu à s'y faire représenter, afin que tous les souvenirs de la reconnaissance et de la piété filiale formassent comme une couronne de regrets que nous aimons à déposer en ce moment sur la tombe de notre ami.

Et vous aussi, vénérables prêtres, qui avez bien voulu honorer cette réunion de votre présence, et qui teniez à rendre un dernier hommage à celui qu'un grand nombre d'entre vous pleurent comme un père et un ami ; vous aussi vous avez une vie qui est un martyre quotidien. Dans les fonctions peut-être obscures du saint ministère, dans la solitude des campagnes, vous vivez inconnus du monde, semblables à ces mineurs qui travaillent dans les galeries souterraines. Votre vie semble une mort aux yeux des hommes privés du sens religieux : *visi sunt oculis insipientium mori* [1]. C'est une mort, en effet, mais cette mort continuelle est glorieuse et pleine de vie ; c'est un martyre qui mérite les palmes de l'immortalité : *spes illorum immortalitate plena est*. Ah ! n'enviez point les positions plus brillantes, même dans le sacerdoce. Ceux qui sont obligés de les subir ont souvent un martyre secret plus douloureux que le vôtre ; ils peuvent avoir un grand mérite devant Dieu, mais leur vie est plus difficile encore et plus environnée de dangers. Ministres du Seigneur, quels que soient votre rang et votre position, que vous occupiez ce que les hommes appellent les

---

1. Sap., III, 2-4.

premières ou les dernières places, j'aime, en vous contemplant avec la joie de l'affection, j'aime à répéter une parole de saint Ambroise, en vous l'appliquant : « Combien ce beau diocèse renferme de martyrs secrets qui tous les jours versent le sang de leur ame pour le nom du Christ : *Quanti ergo quotidie in occulto martyres Christi sunt, et Jesum Dominum confitentur* [1] ! »

C'est ce beau et sublime exemple du martyre quotidien que vous nous avez donné, ô cher et tendre ami, vous que je suis heureux, tristement heureux de saluer en ce moment. — Je remercie la Providence de m'avoir confié une double tâche : la première, il y a 28 ans, était de contribuer par ma parole et mon affection à vous établir comme une des pierres fonda-mentales de cette maison, dont vous avez fait en grande par-tie la joie et la gloire. Je devrais peut-être parler ici de tout le bonheur et de toute la consolation que vous m'avez donnés pendant les huit années de mon supériorat ; mais il est des souvenirs de cœur qu'il vaut mieux laisser simplement entre-voir, sans les expliquer ni les taire entièrement. Le second de-voir qui m'était réservé, est de verser une dernière larme et une dernière parole sur votre tombe. J'avoue que, quelque triste que soit pour moi cet honneur, mon cœur y tenait par-dessus tout, et j'ai accepté avec empressement l'invitation que m'a ménagée une pensée délicate et affectueuse. Je vous de-vais ce dernier témoignage de mes sentiments ; je le devais à votre tendre et si constante affection pour moi, affection que rien n'a pu ébranler, que rien n'a pu diminuer, ni le temps qui ronge tout, ni la distance, ni ces circonstances délicates où les jugements des hommes sont si variables et si incertains. Toujours vous avez été pour moi l'ami fidèle et sûr, dont l'œil perspicace comprend et devine, parce qu'il connaît et qu'il

____

1. *In Ps.*, 118. *Serm.*, 20, nº 48, t. 2, p. 1499.

aime. — Je le devais au Séminaire d'Autun, dont la pensée me sera toujours si chère, et dont je partage tous les succès et toutes les douleurs; je le devais peut-être à nos enfants et à nos amis communs. Je le devais aux pères et aux mères de toutes les générations que vous avez élevées. Ils ont témoigné par leur douleur, au jour de vos funérailles, que votre mort était comme un deuil public; ils témoignent tous les jours, par leurs regrets mélangés de tendre affection et de reconnaissance, que vous étiez devenu, par votre paternité spirituelle, comme un membre de leurs familles. — Ce m'est donc une douce joie, joie voilée par la tristesse d'un profond regret, ce m'est une joie toute de cœur de redire encore en cette vénérable assemblée, que votre mémoire sera impérissable dans cette maison, que les sueurs de votre vie ont été et sont encore une semence féconde, et que vos enfants célèbrent partout dans le diocèse votre zèle, votre intelligence, votre dévouement, vos vertus sacerdotales et la bonté de votre cœur si paternel.

Mieux que personne, vous avez connu ce martyre quotidien que saint Jérôme appelle la servitude de l'ame dévouée; vous avez été l'esclave de votre devoir, et si j'osais vous faire un reproche, je dirais que vous avez été beaucoup trop l'esclave de votre devoir. Vous ne connaissiez pas assez ces ménagements de la sagesse, ces tempéraments de la prudence que devrait imposer la limite des forces humaines. Une fois engagé dans le sillon du devoir, vous versiez vos sueurs sans calculer, vous répandiez le sang de votre cœur avec une profusion qui a usé votre vie, et vous a enlevé à notre affection par une mort prématurée. Grand exemple du moins que vous laissez, en ce siècle de mollesse et d'énervation morale! Il me semble que votre ombre, semblable à celle de la mère de saint Symphorien, restera sur les murailles du Séminaire, pour nous exciter

au martyre du devoir, pour exhorter surtout les vaillants
confrères qui continuent votre œuvre, pour leur prêcher ce
courage du sacrifice, qui consiste à accomplir avec une
généreuse exactitude les obligations de sa charge : *credita sibi
officia diligenter observant* [1].

Je disais tout à l'heure que c'était une dernière parole jetée
sur votre tombe ; je me suis trompé. Pendant de longues
années et toujours, les enfants que vous avez formés parleront
de vous ; pendant de longues années et toujours, les pierres
elles-mêmes de ce Séminaire crieront très haut et prononceront
avec amour et respect votre nom vénéré, *lapides clamabunt* [2].
Il n'en est pas une qui n'ait été témoin de quelque acte de
votre vie d'abnégation, et je suis sûr que si on les interrogeait,
et qu'elles pussent répondre, on arriverait facilement à com-
poser une belle et touchante histoire de vos vertus et de
votre dévouement.

Mais je ne veux pas troubler plus longtemps votre modestie ;
que vos cendres reposent en paix, sous les murs de ce beau
jardin où nous avons fait ensemble de si délicieuses prome-
nades ; que parfois ceux qui traverseront les mêmes allées
envoient une larme de cœur et un regret vers le monument
que vous a érigé le culte de l'affection et de la reconnaissance,
et qu'ils reçoivent en échange le parfum d'un souvenir, qui
soit une vivante prédication : *defunctus adhuc loquitur.* — Pour
votre ame, Dieu s'est chargé de la récompenser : nous en avons
la douce confiance ; vous habitez maintenant ces régions
sereines de l'immortalité, vers lesquelles votre noble cœur
soupirait si souvent. Si un verre d'eau froide donné au nom
de Jésus-Christ ne reste pas sans récompense, qu'elle doit être

1. Esther, xvi, 5.
2. Luc, xix, 40.

belle et brillante la couronne méritée par tous ces actes si fréquemment répétés, où vous avez donné tous les jours, non pas un verre d'eau froide, mais tout ce qu'il y avait de plus chaud dans la substance de votre cœur, ce qu'il y avait de meilleur, de plus affectueux, et aussi quelquefois de plus douloureusement et de plus généreusement arraché aux entrailles de votre ame !

Sur votre tombe, je voudrais graver ces paroles de saint Jérôme : ce serait à la fois votre plus bel éloge et le plus utile sermon pour les instituteurs de la jeunesse : *Non solum effusio sanguinis in confessione reputatur, sed devotæ quoque mentis servitus immaculata quotidianum martyrium est* [1]. Je traduirais ainsi, avec la liberté qu'autorise la ressemblante application du texte, et j'espère que mon pieux et intelligent auditoire approuvera ma pensée : « Ce professeur bien-aimé est mort sur la brèche, en versant les sueurs de son travail et le sang de son ame ; il est mort victime de son zèle, de son dévouement à la science et à ses élèves : et c'est un genre de martyre souvent plus douloureux que l'autre, parce qu'il embrasse les longues années de toute une vie ; mais le ciel est au bout : là se trouvent le terme du sacrifice et la palme glorieuse réservée aux martyrs, *quotidianum martyrium est.* »

[1] Epist., 108, n° 31, t. I, p. 905, édit. Migne.

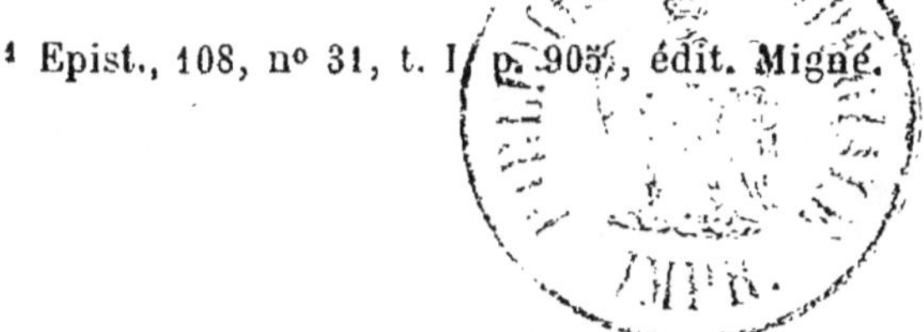